Jean Haudry

# Die Indo-Europäer

Jean Haudry

# DIE INDO-EUROPÄER

*Eine Einführung*

Age d'Homme — Karolinger
Wien

Vom Autor durchgesehene und erweiterte
Fassung der französischen Ausgabe
*Les Indo-Européens*
Deutsch von Claude Michel

Umschlag-Entwurf
Peter Dressler
Photo: Gallische Münze

Gesamtherstellung
M. Theiss, Wolfsberg in Kärnten



ISBN 3-85418-025-X

# INHALTSVERZEICHNIS

# EINLEITUNG (1)

# VOM INDO-EUROPÄISCHEN ZU DEN INDO-EUROPÄERN

# I. — FORSCHUNGSGESCHICHTE

Die indoeuropäische Forschung erlebte zwei entgegengesetzte Phasen. Auf die zuweilen kühne Begeisterung der Anfangszeit folgten die Ernüchterung und die Hyperkritik, wie jene von Claude Levi-Strauss: „*Nachdem man aufgrund der Arbeiten von Kuhn, Grimm, Max Müller und Schrader die berechtigte Hoffnung gehegt hatte, daß die vergleichende Untersuchung der Wortschätze die Wiederherstellung eines Zivilisationszustands ermöglichen würde, war man in eine Phase der Kritik und des Zweifels getreten, die die Indoeuropäer auf die Stufe des linguistischen Gespensts herabzusetzen drohte: zum einen wollte man von ihnen nur noch die Sprache wissen; zum anderen wich die Vorstellung von einer Gemeinsprache, aus der alle anderen stammen würden, der Hypothese von Dialekten, zwischen denen Affinitäten ursprünglich bestanden oder sich im Laufe der Zeiten herausgebildet hätten*" (2).

Diese extreme Einstellung — bei der die Skepsis gegenüber der Existenz einer ethnischen Gemeinschaft völlig unbegründet die Existenz einer Sprachgemeinschaft in Zweifel zieht — ist die Trubetzkois, die wir im Schlußteil einer früheren Schrift (3) darlegten. Wir dürfen die Auffassung vertreten, daß die indoeuropäische Forschung heute in ihre dritte Phase eingetreten ist, die der positiven Kritik und der begründeten Gewißheiten.

# *II. — PROBLEMATIK*

Von den Indoeuropäern läßt sich nicht in der Art berichten, wie man über die Griechen oder die Römer schreibt, da sie uns keinen einzigen Text hinterließen; demnach kann ihnen keine Landschaft, kein Bau, kein Gegenstand eindeutig zugeschrieben werden. Der Forscher verfügt nicht einmal über damalige Augenzeugenberichte, wie etwa für die Gallier, die Germanen und die übrigen ‚Barbaren', die den Griechen und Römern bekannt waren. Die Existenz der Indoeuropäer isr ursprünglich keine Gegebenheit, sondern eine Hypothese zweiten Grades. Die erste Hypothese ist die einer indoeuropäischen Sprache: In *L'indo-européen* (S. 123) bekräftigten wir, daß diese Hypothese als einzige den zahlreichen vielschichtigen und eindeutigen Übereinstimmungen gerecht wird, die in der Grammatik und dem Wortschatz der meisten europäischen Sprachen und mehrerer Asiens aufgedeckt wurden. Die Existenz einer Sprache bedingt die einer Sprachgemeinschaft. Sprachgemeinschaft heißt aber nicht unbedingt Volk oder Nation: Französisch ist heutzutage die Sprache einer sogenannten frankophonen Sprachgemeinschaft, die insgesamt betrachtet nur die Sprache gemein hat. Ähnliche Verhältnisse traten nach der Zersplitterung des Weströmischen Reichs auf. Kann aber eine solche Annahme auch für das dritte Jahrtausend vor unserer Zeitrechnung gelten? Das ist nämlich der Endpunkt einer indoeuropäischen Gemein-Sprachen Anatoliens bereits sehr differenziert zutage; nun azber deutet nichts auf die Existenz eines weiten Reichs im 3. Jahrtausend oder gar früher. Die indoeuropäische Sprachgemeinschaft kann nicht die eines Reichs oder eines Staatenbundes sein; es ist zwangsläufig die Sprachgemeinschaft eines *Wandervolkes*. Dieses Volk, wird man einwenden, kann das nur kurze Zeit bestandene Sammelbecken von Individuen gewesen sein, die lediglich ein gemeinsames Abenteuer miteinander verband, und es wäre in diesem Fall vergeblich zu suchen, was sie sonst gemein hatten. Eine solche Vermutung stößt aber heute gegen die unbestreitbare Existenz einer überlieferten poetischen Phraseologie, die eine gemeinsame Ideologie widerspiegelt, und wir werden feststellen, daß die Gemeinschaft sich über zwei Zeitstufen der Vorgeschichte erstreckte, über die Stein- und die Bronzezeit. Das führt uns zur zweiten Hypothese, zu der eines indoeuropäischen Volkes, dessen Zivilisation, Kultur (4) und Wesen nunmehr zu bestimmen sind und das es räumlich und zeitlich zu lokalisieren gilt.

# III. — *DIE TECHNIKEN DER REKONSTRUKTION, DER DATIERUNG UND DER ORTSBESTIMMUNG*

## 1. *Materielle Zivilisation*

Um das Niveau der materiellen Zivilisation dieses Volkes — in Ermangelung jeglichen unmittelbaren Zeugnisses — zu ermitteln, haben wir ursprünglich lediglich die linguistische Paläontologie zur Verfügung. Dieser Methode gemäß wird einem Volk die Kenntnis der Lebewesen, Begriffe und Gegenstände zugeschrieben, die seine Sprache bezeichnet, und wiederum die Kenntnis all dessen abgesprochen, was sein Wortschatz nicht enthält oder nur durch Entlehnung kennt. Wenn die Sprache, an der man arbeitet, selber rekonstruiert ist, kommen die Ungewißheiten der sprachlichen Rekonstruktion zu denen, die der Methode inhärent sind. Eine fehlende Bezeichnung kann rein linguistische Ursachen haben. Vom Lateinischen zu den romanischen Sprachen wurde z. B. die Bezeichnung des Pferdes, lateinisch *equus*, durch *caballus* ersetzt, ohne daß das Pferd deshalb aus dem entsprechenden Bereich verschwand, bevor es wieder eingeführt wurde. Die Methode kann folglich nicht blindlings angewandt werden. Aber trotz ihrer Ungewißheiten lieferte sie Angaben, die sich bestätigten, namentlich für die Entwicklungsstufe der metallverarbeitenden Technik. Der Wortschatz weist auf die Kenntnis des Kupfers (**áy̯es-*) hin, aber nicht auf die des Eisens, dessen Bezeichnung von einer Sprache zur anderen abweicht. Diesen Angaben zufolge befindet sich die Endphase der Gemeinschaft in der Kupferzeit, was sich übrigens nachweisen läßt. Mit Erfolg wurde diese Methode zur Bestimmung des Lebensrahmens der Indoeuropäer und dadurch zur geographischen Ermittlung ihrer Urheimat eingesetzt.

## 2. *Kultur*

Auf die Religion, die wesentliche Kulturkomponente angewandt, rief diese Methode die *vergleichende Mythologie* hervor, deren Ergebnisse so enttäuschend waren, daß noch im Jahre 1928 A. Meillet den Schluß zog, man wisse nichts über die indoeuropäische Religion, außer daß der Kult himmlischen, unsterblichen, segensreich wirkenden Göttern sowie vergöttlichten gesellschaftlichen Erscheinungen galt. G. Dumézil zeigte mittlerweile, daß man in diesem Bereich nicht versuchen sollte, Wörter übereinanderzulegen, sondern Tatsachenkomplexe miteinander zu vergleichen. Die Bezeichnung der Götter, der Offizianten und der Kultgegenstände ist von einer Sprache zur anderen verschieden: die römische und die griechische Religion haben nicht viel mehr als einen göttlichen Namen gemeinsam, der etymologisch ‚der Vater Himmel' bedeutet: *Jupiter* = *Zeus (Pater);* aber der ihn führende Gott ist nicht die Personifizierung des Himmels; Junos Name stimmt nicht mit dem Heras überein, und der römische Apollo ist nichts anderes als die Entlehnung des griechischen. Paradoxerweise traten die wesentlichen Übereinstimmungen nicht in den religiösen Texten zutage. In Rom, bei den Germanen und den Kelten erhielt sich die Tradition in Form der Heldensage oder der mythischen Erzählung. Erst in Indien und im Iran blieben uns religiöse Texte erhalten, die dem Epos und der Erzählung vorausgingen; diese wesentlichen, ausdrücklicheren Texte trugen zur Entzifferung des religiösen Denkens der Indoeuropäer bei und ermöglichten dadurch die Verwertung der übrigen Dokumente. Es stellte sich heraus, daß den indoeuropäischen religiösen Auffassungen die Einteilung der göttlichen und menschlichen Tätigkeiten in drei kosmische und gesellschaftliche Funktionen zugrunde liegt: magisch-religiöse Souveränität, Krieg, Erzeugung und Züchtung. In der indischen Gesellschaft (Priester, Krieger, Züchter) zu Kasten erstarrt, legen die drei Funktionen nicht nur den Grund zu einer Vielzahl von Mythen und halbhistorischen Sagen (das indische Epos, Roms Gründungsmythos und Frühgeschichte, die keltischen und isländischen Sagas), sondern bestimmen auch die Zusammensetzung des Pantheons mehrerer indoeuropäischer Völker, bei denen Götter der gleichen Funktion unter verschiedenen Namen auftreten: die magisch-religiöse Souveränität fällt in Rom Jupiter und Fides zu, im vedischen Indien Varuna und Mitra, in Island Odin und Tyr; die Kriegsfunktion gehört jeweils Mars, Indra, Thor; die erzeugende Funktion Quirinus, den Aśvin, Freyr und Freya. Diese funktionalen Triaden sind keine Hirngespinste: die Trias Jupiter-Mars-Quirinus ist im königlichen Rom sowie bei seinen umbrischen Nachbarn belegt; die sich aus dem Paar Mitra-Varuna, Indra und den Aśvin (auch Nāsatya genannt) zusammensetzende indische Trias ist es in einem Vertrag zwischen dem indischen Herrscher des Mitanni und einem seiner Nachbarn; die nordische Trias wurde im Tempel von Alt-Uppsala verehrt. Die dreifunktionale Auffassung wurzelt so tief in der Mentalität der indoeuropäischen Völker, daß sie über das römische Kaiserreich hinaus in der mittelalterlichen Gesellschaftseinteilung in *oratores* (Klerus), *bellatores* (Adel), *laboratores* (Dritter Stand) (5) wiederauftaucht. G. Dumézils Methode, die ‚neue vergleichende Mythologie' (6), ist demnach nicht nur für die Religion gültig, sondern für sämtliche Institutionen; vor mehr als einem Jahrhundert wies Fustel de Coulanges im *Antiken Staat* (dt. 1907) auf die innere Einheit von Gemein- bzw. Privatrecht und Religion hin. Die Fruchtbarkeit dieser Methode läßt sich an der beeindruckenden Zahl von Übereinstimmungen ermessen, die sie — in Ermangelung gemeinsamer Beziehungen — unter anderen zwischen den Begriffssystemen, den Erzählschemen und den Institutionen aufzudecken half.

Die etymologische Methode kommt bei der überlieferten poetischen Formelsammlung wieder zum Zuge: seit einem Jahrhundert bringt jedes Jahr eine immer reichere Ernte an

Vergleichungen zwischen Veda- und Awestaformeln, germanischen *kenningar* und homerischen Epitheta; und diese Formelsammlung hat einen traditionsgebundenen Inhalt, den wir öfter erörtern werden. Die poetische Formelsammlung und die ‚begrifflichen Schemata' — etwa das eben erwähnte dreifunktionale Schema — bilden die zwei Hauptkomponenten der *indoeuropäischen Tradition*, die sich außerdem durch Institutionen und Taten (die *exempla* der römischen Geschichte) äußert.

### *3. Ist der tatsächliche politische und gesellschaftliche Zustand rekonstruierbar?*

Wir dürfen nie außer acht lassen, daß alle diese Rekonstruktionen lediglich an das Bild heranführen, das sich die Indoeuropäer von sich selbst machten, aber nicht an das Bild der Tatsachen und der Strukturen. Wie G. Dumézil es unterstrich, berechtigt nämlich nichts zu der Behauptung, daß die Bevölkerung tatsächlich in drei funktionale Klassen eingeteilt war und ob in diesem Fall eine gewisse Mobilität zwischen ihnen bestand. Demnach lassen sich nur *wahrscheinliche* Modelle rekonstruieren, und zwar indem man die Rekonstruktion des Traditionsinhalts berücksichtigt und die im historischen Zeitraum belegten Modelle, von denen manche tatsächlich bedeutungsvolle Übereinstimmungen aufweisen, gegenüberstellt. Letzten Endes stimmt aber das rekonstruierte Modell erst dann zusammen, wenn es an Ort und Stelle identifiziert wird. Und ebenso wie auf dem Gebiet der materiellen Zivilisation haben die Archäologen auch hier zwangsläufig des letzte Wort.

## *IV. — DIE ARCHÄOLOGISCHE UND ANTHROPOLOGISCHE IDENTIFIZIERUNG*

Die volle Berücksichtigung dieser Angaben ermöglicht, das Problem der archäologischen Identifizierung des indoeuropäischen Volkes (das heißt, welche bekannten archäologischen Fundorte diesem Volk zuzuschreiben sind) richtigzustellen. Die Datierung der einzelnen ihm zugeschriebenen Fundorte ermöglicht, seinen Standortwechsel nachvollzuziehen: dadurch wird zur Klärung jener alten Frage nach der Urheimat beigetragen. Es ist ferner angebracht, auch die externen Angaben heranzuziehen, die Beziehungen oder sogar eine Verwandtschaft zwischen der indoeuropäischen Gemeinschaft und anderen Völkern bestätigen. Ein riesiges, noch weitgehend brach liegendes Forschungsfeld tut sich auf. Erst zuletzt ist es möglich, die anthropologische Bestimmung des indoeuropäischen Volkes vorzunehmen. Aufgrund der Morphologie der in den ihm zugeschriebenen Fundorten ausgegrabenen Skelette kann man dieses Volk in bezug auf die einzelnen Rassen, die die physische Anthropologie ermittelte, definieren sowie die von den Texten und bildlichen Dokumenten gelieferten Angaben an der Gestalt seiner Nachkommen überprüfen. Aber diese Angaben bilden an sich und vor jeder Überprüfung eine Gegebenheit: das traditionelle physische Ideal kann nur dem in der Bevölkerung am meisten vertretenen Typ entsprechen — oder in der höheren Schicht, falls die Bevölkerung gemischt ist.

## V. — CHARAKTER UND MENTALITÄT

Ein moralisches Bild der Indoeuropäer zu zeichnen, das heißt die Konstanten ihres Charakters zu bestimmen, erweist sich als schwierig; es ist wiederum leicht, ihre Ideale zu erfahren, und zwar dank der überlieferten poetischen Formelsammlung, dem natürlichen Träger der Ideologie, sowie den Personennamen: *nomen est omen*, der einem Kind gegebene Name weist auf die Erwartungen hin. Schließlich wurde die Frage der Mentalität aufgrund der sprachlichen Daten erörtert: die Diskussion um die Existenz abstrakter Wörter in der Sprache stellt das Abstraktionsvermögen der Sprechenden in Frage; die Neubildung der unterordnenden Konjunktionen, die auf das Fehlen des zusammengesetzten Satzes im Indoeuropäischen schließen läßt, wurde als Zeichen für ein rudimentäres Denken gedeutet. Eine neue Betrachtung der Sprachentwicklung ermöglicht, diese Schlußfolgerungen rückgängig zu machen. Durch die linguistische Grundlage der Studie sind Ideale und Mentalität die zugänglichsten Elemente; sie sollen daher als erste dargestellt werden (7).

*Anmerkungen*

1 Für das Durchlesen des Manuskriptes sei Georges Dumézil herzlich gedankt; selbstverständlich bin ich für die Ausführungen allein verantwortlich.

2 *Réponse de Claude Lévi-Strauss au Discours de réception de Georges Dumézil à l'Académie française*, 1979, S. 53—54.

3 *L'indoeuropéen*, 1980, S. 123—124;

4 Gemäß E. Benvenistes Definition: „Ich nenne Kultur das *menschliche Milieu*, alles, was über die Erfüllung der biologischen Tätigkeiten hinaus dem Leben und der menschlichen Aktivität Form und Inhalt verleiht" *(Problèmes de linguistique générale*, S. 30).

5 Vgl. unten, S. 58 und 61.

6 S. Scott Littleton, *The New Comparative Mythology*, 1973 (2. Auflage).

7 Die Gliederung dieser Schrift wurde vom Stoff selbst bestimmt: sie führt von den unmittelbarsten Daten, denen der Sprache und der Formelsammlung, zu den Mutmaßungen bezüglich der räumlichen und zeitlichen Lokalisierung. Das übrige gründet auf der linguistischen Paläontologie und der neuen vergleichenden Mythologie. Der Verfasser hofft nachgewiesen zu haben, daß die manchmal gern als gegensätzlich hingestellten Klärungsmethoden sich doch ergänzen und zu den gleichen Ergebnissen gelangen.

Erstes Kapitel

# DIE WELTSICHT

# *I. — SPRACHE UND MENTALITÄT*

## *1. Komplexer Satz und Komplexität des Denkens*

Es gilt vor allen Dingen, zwei zusammenhängende Illusionen hinsichtlich der ‚Mentalität' zu tilgen, das heißt hinsichtlich der geistigen Entwicklungsstufe, die den Indoeuropäern in Anbetracht der linguistischen Daten zuzuschreiben ist. Dem Indoeuropäischen wird der zusammengesetzte Satz häufig unter dem Vorwand aberkannt, daß die unterordnenden Konjunktionen erst viel später in den indoeuropäischen Sprachen aufkamen: die nicht vorhandene Hypotaxe wird als Zeichen für ein werdendes, noch wenig ausgebildetes Denken gedeutet. Das ist ein Fehler: die *subordinierenden* Konjunktionen erschienen zwar später, aber die *Subordination* (die Hypotaxe) liegt wahrscheinlich weiter zurück und sie ging vor allem nicht aus einer Schöpfung *ex nihilo*, Folge eines geistigen Fortschritts, hervor, sondern aus vorher bestehenden Textstrukturen, etwa der Korrelation. Die Indoeuropäer verfügten somit zweifelsohne über Spracheinheiten, die den (Haupt-)Satz umfassen konnten, nichts berechtigt zu der Annahme, daß sie unfähig waren, eine Rede zu gliedern, einem Gedanken zu folgen.

## *2. Die Frage des Abstrakten*

Es wurde ihnen auch das Abstraktionsvermögen unter dem Vorwand bestritten, daß die sogenannten Abstrakta geschlechtliche Wesenheiten bezeichnen würden, wenn sie ein belebtes Genus (männlich oder weiblich) haben, und ‚Mächte', geschlechtslose Wesenheiten, wenn sie neutral sind. Die irrtümliche Vorstellung von einer konkreten Mentalität, von einer animistischen Weltanschauung wurde durch unzulängliche Beschreibungen im Bereich der nominalen Derivation genährt.

Zwar sind die abgeleiteten Neutra in *-*men*- und in *-*e/os*- nicht bloß Abstrakta, das heißt Vorgangsbezeichnungen: *-*séH*$_1$-*men*- benennt nicht ‚das Säen' sondern den ‚Samen'; **kléw-e/os*- bezeichnet nicht ‚das Hören', sondern , den Ruhm'. Es ist also angebracht, den Wert dieser Bildungen zu unterstreichen; es ist aber kein Grund, in ihnen den Ausdruck ‚machtgeladener Dinge' zu sehen: die Derivate in *-*men*- sind Nomen instrumenti, **seH*$_1$-*men*- ‚was besät wird' und nicht ‚die im Samen verborgenen magische Kraft'; die Derivate in *-*e/os*- sind mediopassiv, **kléw-e/os*- ‚was vernommen wird', und nicht ein hypothetischer Ruhmgenie. Die Substantiva belebten Geschlechts ihrerseits bezeichnen nicht unbedingt Lebewesen: sonst müßte man zugeben, daß im Indoeuropäischen das grammatikalische Genus völlig begründet sei — entgegen der bei anderen Sprachen angestellten Beobachtungen. Daher liegen den Derivaten actionis in *-*ti*- meines Erachtens keine weiblichen Wesenheiten zugrunde, sondern Dativinfinitive, *-*g*$^{w}$*m-ti*- (‚das Kommen') wäre zunächst ein Dativinfinitiv, **g*$^{w}$*m-ti* ‚zum kommen', der gleich dem Infinitiv der germanischen Sprachen (engl. *to come* usw.) die Funktion des Subjekts übernommen hätte. Eine Beziehung zwischen dem Dativ und dem abstrakten Wert in den Wurzelnomen ist ebenfalls erkennbar: das vedische Substantiv *samídh*-, Wurzelnomen des präfigierten Verbs *sám-idh*- ‚anzünden', bezeichnet das ‚Anmachholz, Kleinholz', aber sein Dativ *samídhe* bedeutet ‚zum anzünden'; lat. *lux* ‚das Licht' benennt eine Erscheinung, die von einer Wesenheit wenig entfernt ist, aber der vedische Dativ *rucé* bedeutet ‚zum leuchten'. Es besteht kein Zweifel darüber, in welcher Richtung die Entwicklung verlief; die Ableitungen in *-*ti*- bekräftigen, daß es sich um eine Entwicklung vom abstrakten Wert zu den einzelnen konkreten Werten handelt, insbesondere zur Personifizierung. Diese Entwicklungsform ist bekannt, und es besteht kein Grund, sie als neuere Erscheinung zu betrachten; es ist die gleiche, die vom indo-iranischen **mitrá*- ‚Vertrag' zum Gott-Vertrag

Mitra, vom sächlichen **wén-e/os-* ‚Eroberungsvermögen' zum Namen der Göttin Venus führt.

In linguistischer Hinsicht kann das Abstraktum demnach nicht als nebensächliche, später eingetretene Erscheinung angesehen werden. Wir müssen es vielmehr als *unbeständig* in seinem Ausdruck betrachten: die abstrakten Ableitungen neigen ständig dazu, zur Bezeichnung von Personen oder Gegenständen überzugehen. Das Lexem, das diese Entwicklung erfuhr, wird in seiner ursprünglichen Funktion durch ein anderes abgelöst: beispielsweise ved. *samídh-*, das die konkrete Bedeutung von ‚Anmachholz' erhielt, wurde in seiner früheren, nur noch im Dativ erhaltenen Bedeutung durch *sámiddhi-* ersetzt: eine *zyklische* Entwicklung, deren Verkennung voreilig auf das Nicht-Vorhandensein des Abstrakten in der Sprache sowie auf das Unvermögen der Sprechenden zur Abstraktion schließen ließ. Die Existenz des Abstrakten im Sprachsystem bedingt natürlich keine ständige Handhabung der Abstraktion, kein relationales Denken; die Unbeständigkeit des Abstrakten zeugt vielmehr von einem ‚substantialistischen' Denken, wie jedes vorwissenschaftliche Denken es einmal ist, und vor allem von einem Denken, das sich nicht in der Abstraktion gefällt. Bei den Indoeuropäern neigt jeder Begriff, Gestalt anzunehmen, wird jedes Prinzip verkörpert; ein Großteil des Pantheons ging aus dieser Neigung hervor, die Idee nur als lebendig, den Gedanken nur als erlebt zu schätzen.

# II. — DAS INDIVIDUUM, DIE GRUPPE, DIE WELT

Müßte man die Weltanschauung, die die indoeuropäischen Traditionen widerspiegelt, auf ein Wort bringen, so wäre ‚politisch' das angemessenste: alles, was die Welt und ihren Werdegang, das Wesen und das Schicksal des Menschen betrifft, ist dort unklar, verschwommen, manchmal widersprüchlich; alles, was die Gesellschaft oder vielmehr die einzelnen Gemeinschaften in ihren wechselseitigen Beziehungen anbelangt, ist wiederum klar, beständig und wohlgeordnet. Die typischen Schemata der Gesellschaftsordnung werden sogar auf die Welt und den Einzelnen angewendet, als ermöglichte die in diesem Bereich herrschende Klarheit einen besseren Durchblick in den beiden umgebenden Schattenbereichen.

## *1. Das literarische Erbe der Indoeuropäer*

Wir haben eigentlich einen direkten Zugang zur indoeuropäischen Weltanschauung dank eines Erbes, das wir als *literarisch* bezeichnen können; es handelt sich hierbei um die mündliche Überlieferung von poetischen Formeln, von Personennamen und Erzählschemata.

*A) Die überlieferte poetische Formelsammlung.* — Die von Kuhn bereits 1853 aufgedeckte Übereinstimmung (1) — die erste einer ständig wachsenden Reihe — zwischen der vedischen Formel *ákisitam śrávah* und der homerischen *kleos aphthiton* ‚unverwelklicher Ruhm' ist von beträchtlicher Bedeutung, da sie eines der Hauptideale der Indoeuropäer zu erkennen gibt, nämlich das Fortleben in der Erinnerung des künftigen Generationen. Diese Formeln dürfen nicht auf bloße stilistische Verzierungen reduziert werden. In den uralten Gesellschaften, schreibt C. Watkins (2), werden die poetischen Formeln nicht nur wegen ihres

Wohlklanges wiederholt und memoriert; sie *signalisieren* überhaupt die Beziehung zwischen den Dingen: überlieferte Anschauungen, Auffassung des Menschen und der Welt, Werte und Bestrebungen der Gesellschaft.

*B) Die Personennamen.* — Zur überlieferten poetischen Formelsammlung gehören durchaus die Personennamen älterer Form: Possessivkomposition, i.-ir. **Su-šrávas* = gr. *Euklées* ‚berühmt', ‚einen Ruf habend'; Compositum agentis, gr. *Agelaos* ‚das Heer führend', ‚der Heerführer'; oder attributives Compositum, dt. *Ger-bold* ‚beherzt mit dem Wurfspieß'. Zwei Überlegungen bestimmen die Wahl des Namens eines Kindes: der Name kündigt an, was es sein wird, indem er ihm die moralische Pflicht auferlegt, es zu werden; er knüpft es an die Stammlinie, indem er den Namen des Vaters und manchmal auch den der Mutter vergegenwärtigt. Eine Textstelle aus Aristophanes' *Wolken* (3) veranschaulicht beide Punkte:

*Als später uns ein Sohn geworden, der Schlingel da,*
*Ein Geschenk von diesem meinen lieben guten Weib,*
*So entspann des Namens wegen sich flugs ein lauter Zank. Die Mutter, ein stolzes ‚Hippos' wünschend, wählte bald Xanthippos, bald Chyrippos, bald Kallipides,*
*Ich aber den Namen des Großpapas: Pheidonides.*
*So währte lange der Hader; endlich schlossen wir*
*Einträchtig Frieden und nannten ihn Pheidippides.*
*Oft nahm sie den Buben hätschelnd auf den Arm und rief:*
*‚Wenn groß du bist und zu Wagen einst wie Megakles Die Stadt im Scharlachmantel besuchst'. Ich verbesserte: ‚Wenn du dereinst die Ziegen, deinem Vater gleich,*
*Vom Gipfel des Phelleus treiben wirst im Hirtenpelz!'*

Jeder Stand hat seine eigenen Ideale und somit seinen eigenen Namen; genau das befürworteten die *Gesetze des Manu*, II, 31—32: der Name eines Brahmanen muß glückverheißend sein, der eines *kṣatriya* muß Macht und Schutz ausdrücken, der eines *vaiśya* Reichtum und Gedeihen, der eines *śūdra* muß seinen verächtlichen Dienststand widerspiegeln. So werden auch die ersten Vertreter der nordischen Gesellschaftsklassen im *Merkgedicht von Rig* genannt (4): Die Kinder des Dieners *(Thraell)* heißen Brummer, Kuhbursch, Klobig; die des Freien *(Karl)* Mann, Breit, Degen; die des Edlen *(Jarl)* Sohn, Erbe, Kund und der jüngste, „der Runenkundige", König.

*C) Die Erzählschemata.* — Die ältesten indoeuropäischen Völker, oder zumindest die konservativsten unter ihnen, erbten ebenfalls eine Gruppe von Erzählschemen, die jeweils ihren Ausdruck, ihre verbale Substanz erneuern konnten, ohne dabei ihre Struktur und folglich ihre Bedeutung zu verlieren. Dieselben Gedanken in abgewandelter Form auszudrücken kommt in der literarischen Praxis auch häufig vor: die vedische Wendung *návyasā vácah* ‚in neuer Form' bezeichnet es. Die ‚Gründungskriege' stellen in diesem Zusammenhang ein Beispiel unter vielen dar: zwei gegnerische Gruppen, wobei die eine, zahlenmäßig geringe, über die magisch-religiöse Überlegenheit, die andere über die ‚Zahl' (Reichtum und Menschenmenge) verfügen, stoßen in einem unentschiedenen Kampf zusammen. Dann schließen sie Frieden und vereinigen sich zu einem einzigen Volk. Der Germanen wandten dieses Schema auf eine Art Theogonie an, während die Römer es in ihre Geschichte einbauten: der sabinische Krieg entspricht daher dem Kampf zwischen Asen und Wanen im nordischen Pantheon. Dieses Erzählschema besagt, daß eine Gemeinschaft ein differenziertes, dennoch unteilbares Ganzes darstellt; der Zusammenstoß zweier unterschiedlicher, sich dennoch gegenseitig ergänzenden Gruppen kann zu nichts anderem führen als zu einer Einigung. Dieses Schema, schreibt G. Dumézil, ist Träger eines „ideologischen Inhalts" (5). Als beispielhafte Form bürgerlicher Eintracht und als Veranschaulichung der dreifunktionalen Gemeinschaftsstruktur vermittelt uns dieses Schema zwei grundlegende Angaben zum politischen Denken der Indoeuropäer.

## 2. *Die Gruppe*

*A) Ideale und Werte:*

*a) Ein aristokratischer Stil.* — Das Lateinische wurde als ‚Bauernsprache' bezeichnet; die Analyse des vererbten Wortschatzes zeigt, daß das Indoeuropäische „eine Sprache von Anführern und Organisatoren ist, die das Prestige einer Aristokratie durchsetzte. Vom gemeinen oder vulgären Sprachbereich blieb nämlich wenig erhalten" (6). Die Untersuchung der überlieferten Formelsammlung bestätigt und verdeutlicht diesen Gesamteindruck: Wir entdecken das Bild eines stolzen Kriegeradels, der das Leben, die weiten Räume, die irdischen Güter und vor allem den Ruhm schätzt, der sich zu Friedenszeiten der Viehzucht, dem Reiten und der Jagd widmet. Für diese Aristokratie ist der ‚Charakter', der ‚Tatendrang' (**ménos)* die Haupteigenschaft des Menschen und der Ruhm (**kléwos)* das höchste Lebensziel: zwei Begriffe, die die Formelsammlung nebeneinandersetzt, wie L. Hertzenberg (7) es hervorhob:

| | |
|---|---|
| **kléwos nérōm* ‚Ruhm der Herren' | **ménos nérōm* ‚Charakter, Tatendrang der Herren' |
| **wésu kléwos* ‚guter Ruhm (Vgl. S. 27) | **wésu ménos* ‚guter Charakter', ‚guter Tatendrang' (8) |

Der **ménos*, und insbesondere der gewaltige **ménos* des Kriegers, ist ruhmsüchtig; unverwelklicher Ruhm, wenn er vom Dichter besungen wird, der notwendiger Vermittler ist: zu siegen heißt noch nicht seinen Namen verewigen, man muß auch einen Homer finden.

*b) Der Charakter und die Energie.* — Man wird sich hüten, den Wert der Wurzel **men-*, von der sich **ménos* ableitet, auf den einzigen Intellekt zurückzuführen; er bezieht sich auf das gesamte psychische Leben, und im Griechischen bezeichnet **ménos* letzten Endes die Person selbst in der Wendung *hieron menos*, einer Periphrase, die Alkinoos benennen soll. Diese Wendung beruht auf der stilistischen

Inversion eines im Vedischen belegten Ausdrucks *(índro) mánas vān* ‚(Indra) der *mánas* hat'. Wer diesen Tatendrang, diese Charakterstärke (**isHróm ménos)* (9) besitzt, soll den ‚Charakter eines Herrn' (**nr-menes-)* haben. Die Verbindung mit **dhrs-* ‚kühn sein' unterstreicht die ‚heroische' Konnotation des **ménos.*

*c) Der Ruhm.* — Angesichts der Vielzahl von Formeln, in denen er vorkommt, erscheint der Ruhm, **kléwos,* als der vorherrschende Gedanke. Dieser Ruhm ist der Elite eigentümlich, **kléwos nérōm* ‚der Ruhm der Herren': **ner-* bezeichnet nämlich den Mann höherer Klasse im Gegensatz zum Gemeinen, wīro-. Der Ruhm verschafft die Macht: er fördert die Bündnisse, hält die Verbündeten zur Treue, die Untertanen zum Gehorsam an. Deshalb konnte die griechische Formel *euru kreion* ‚weithin herrschend' mit der sanskritischen Wendung *prthu-śrī-* ‚mit weitem Glanz' in Beziehung gebracht werden. Macht und Glanz sind lediglich zwei Aspekte ein und derselben Realität. Letztlich zielt aber die Macht nur darauf ab, mehr Ruhm zu erwerben: die Formelsammlung nennt das Ausmaß der Eroberungen viel seltener als das des Ruhmes; räumliche Ausdehnung, die Anlaß zu zahlreichen Formeln gibt, aber auch zeitliche Ausdehnung.

*d) Das Fortleben durch den Ruhm.* — Ein ‚unvergänglicher' oder genauer ‚unverwelklicher' Ruhm **ndhg$^{w}$hitom* (10), wird schon deshalb ersehnt, weil das Leben (das man durchaus liebt und sich lange wünscht) verwelkt, wenn der Mensch mit zunehmendem Alter sein Lebensfluidum verliert. Achilles, der zwischen zwei Lebenswegen wählen konnte, zog ein kurzes, glorreiches Leben einem langen, aber düsteren vor; er mochte trotzdem das Leben und machte sich über die Vergnügungen des Jenseits keine Illusionen. Daher entschied er sich für die einzige wünschenswerte Form des Fortlebens, für den unverwelkbaren Ruhm. Diese aristokratische Unsterblichkeit ist nicht jedem gegönnt; nur die Besseren erwerben sie. Diese verewigen ihren Namen, halten das Andenken ihrer Vorfahren in Ehren, auf die ihr Ruhm zurückstrahlt, und hinterlassen ihren Nachkommen ein glorreiches Patronykum, das diese ihrerseits werden berühmt machen müssen: Adel verpflichtet. Achilles hat in der Unterwelt keinen anderen Trost über seinen traurigen Stand als den Ruhm seines Sohnes; der Ruhm ist die Angelegenheit der Geschlechter.

*e) Lob und Tadel.* — Der Ruhm ist ebenfalls eine der Triebfedern des gemeinschaftlichen Lebens; zusammen mit seinem Gegensatz, der Schande, hält er die Menschen, und allen voran die Führenden, auf der ‚richtigen Bahn'. Eine auf die Wurzel **kens-* (‚kennzeichnen', ‚ein Werturteil über etwas aussprechen') zurückgehende Gruppe von Formeln verweist auf diese sich gegenseitigen ergänzenden Mechanismen. So wird der indo-iranische Begriff **nárā (m)* oder **nárya- šámsa-* (‚Preis der Männer') zu einer sowohl gefürchteten als auch beliebten Wesenheit personifiziert; er hat möglicherweise in den griechischen Anthroponymen wie *Kassandros, Kassandra* seine Entsprechung. Einen schlechten Ruf (**dus-klewes-)* genießt man, wenn man gegen den Ehrenkodex der Gemeinschaft verstößt oder eine der Pflichten seines Standes versäumt. Auf die Vorteile dieses Ruhms im diesseitigen Leben und danach wurde hingewiesen; die Nachteile der Schande sind ebenfalls erheblich. Die Kelten haben im Satiriker eine gefürchtete Gestalt: ‚Gesegnet sei, wer gelobt wird; wehe dem, der dem Spott zum Opfer fällt' heißt einer ihrer Aphorismen. Die Jamben des griechischen Dichters Archilochos trieben eines seiner Opfer dazu, sich zu erhängen. Den guten Ruhm bzw. Ruf (**wésu kléwos*, oben S. 25) erwirbt man sich vor allem durch glänzende Taten, die allerdings noch verbreitet werden mußten. Den Helden widerstrebte es übrigens nicht, dies auf sich zu nehmen. Der Krieger *$^*$nr-g$^W$ hen-*, ‚männertötend', (Anmerkung 4) fragt im Kampf schon deshalb denjenigen, den er gleich töten wird, nach seinem Namen und Patronymikum (mit der wiederhergestellten festen Wendung *$^*k^W$ ís essi $k^W$ ósyo essi?* ‚Wer bist du, wessen Sohn bist du?', um sich später, beim Festgelage, damit rühmen zu können. Um das ‚Heldenstück', das heißt das beste Stück eines gebratenen Schweines zu bekommen, berichtet jeder keltische Herr von seinen letzten Heldentaten. Die Narten, mythische ossetische Familien, besitzen einen Zauberkessel, der die bei solchen Anlässen vorgetragenen Begebenheiten auf ihre Echtheit prüft. Im *Veda* rühmen sich Indra und Agni ihrer Großtaten; Indra und Varuna stellen ihre Verdienste und ihre Eigenschaften mit der Souveränität gleich. Der gute Ruf wird aber vor allem durch das Lob anderer, insbesondere der Dichter, verbreitet. Die einzelnen indoeuropäischen Traditionen bewahrten vergleichbare Beispiele von Lobreden, die einzelne Großtaten aufzählen. Diese bei Festmählen von den Barden deklamierten Erzählungen trugen zur Erbauung der Zuhörer bei und verbreiteten gleichzeitig den Ruhm des Helden. Aus beiden Gründen umgaben sich die Herren, und insbesondere die Könige, mit Dichtern, besoldeten Lobrednern, die notfalls Rivalen zu verspotten vermochten, und Hütern der Traditionen. In dieser aristokratischen Gesellschaftsform ist der Dichter für den Herrn ein echter Partner; ohne ihn gerieten die großen Taten in Vergessenheit; ohne ihn blieben Lob und Tadel ohne Wirkung. Die besondere Bedeutung, die der Meinung als Kriterium des eigenen Werts beigemessen wird, sowie die gesellschaftliche Funktion des Lobs und des Tadels sind kennzeichnend für das, was die Soziologen als *shame-cultures* bezeichnen; Kulturen nämlich, in denen die Einhaltung des Moralkodex eher durch das Streben nach Ruhm und die Angst vor der Schande gewährleistet wird, als durch das Gefühl der Schuld im Falle einer Verfehlung.

*f) Der Vorrang der Form.* — Die zwischen einzelnen Formeln aufgedeckten Übereinstimmungen liefern uns unzählige Angaben über die Dichtkunst und die Auffassung der Dichtung bei den Indoeuropäern. Das ist kein Wunder, wenn man die Bedeutung des Dichters in der Gemeinschaft bedenkt. Eine kurze Übersicht gaben wir in *L'indo-européen*, S. 113f; viele andere sind in Rüdiger Schmitts Schrift über

Dichtung und Dichtersprache enthalten (11). Es seien im folgenden nur diejenigen festgehalten, die für unseren Zusammenhang bedeutungsvoll sind. Die Dichtkunst gründet auf dem Gedächtnis: die Musen sind Mnemosynes Töchter. Sie schloß aber nicht die Erfindung aus, wie der häufige Hinweis auf das ‚neue', ‚erstmalige' Wesen des Gedichts es bekräftigt; es handelt sich in Wirklichkeit um die ‚neue Formulierung' eines traditionellen Motivs. Die Dichtung wird zugleich als eine von den Göttern eingegebene ‚Wut' (12) und als eine Technik aufgefaßt, die an die des Zimmerers oder Webers erinnert (13). Die gefürchtete Wirkung der ‚genau angepaßten' Formel wird durch die Metapher des Worts als Pfeil, die in Homers ‚geflügelten Worten' und im vedischen Epithetum *hrdispŕś-* ‚das Herz treffend' anklingt. Letztere Bezeichnung ist umso treffender, wenn man weiß, daß das Opfer einer ‚gut sitzenden' Satire keinen anderen Ausweg als den Selbstmord hatte. Die Macht der poetischen Formel kommt ferner in den vedischen kosmogonischen Mythen zum Ausdruck, wo das erste Prinzip der *bráhman-* (oder der *rtá-* ‚Wahrheitsformung') ist: der *bráhman-* ist die ‚poetische Formel'. Der Vorrang der Form, die dem Ausdruck beigemessene Bedeutung, das Ideal der Triftigkeit, des Zusammenhangs, der Hang zur ‚richtigen' (14), hermetischen, den Profanen unzugänglichen Formel sind typische Konstanten der indoeuropäischen Dichtkunst. Auch in dieser Hinsicht kann man von einem „aristokratischen Stil" (E. Benveniste, vgl. unten S. 167) sprechen.

*B) Die drei Funktionen:*

*a) Die Rekonstruktion des Inhalts.* — Eine beeindruckende Zahl von Zeugnissen (zweigliedrige Formeln, die sich auf Gottheiten beziehen oder zu ihrer Bezeichnung dienen; dreigliedrige Gruppen von Begriffen, Gegenständen oder Ereignissen; einfache oder vielschichtige dreiteilige Erzählschemen) zeigen zur Genüge, daß sich die Überlegungen der Indoeuropäer hauptsächlich um die Verteilung der göttlichen und menschlichen, der gesellschaftlichen und kosmischen Tätigkeiten auf die drei Funktionen der magisch-religiösen Souveränität, der (hauptsächlich kriegerischen) Macht, der Erzeugung und Züchtung drehen. Die Dreiteilung ist überall anzutreffen, nicht nur in der Religion und den Institutionen, sondern auch in der Auffassung des Individuums, in der der Welt und ihrer Geschichte bis hin zur medizinischen Lehre.

*b) Ererbte Erzählschemata in der mythischen Geschichte.* — Außer dem ‚Gründungskrieg', dramatischer Veranschaulichung der organischen Gemeinschaftsauffassung, kommt die Dreiteilung in zahlreichen Erzählschemen zum Ausdruck, die die früheren Historiker zum Aufbau einer Urgeschichte ihrer Stadt benutzten. So wurde die Geschichte der vier ersten Könige Roms auf einem dreifunktionalen Schema aufgebaut: die beiden ersten verkörpern die beiden Aspekte der Souveränität, der magischen mit Romulus, der juristischen mit Numa; der dritte Tullus Hortilius verkörpert die kriegerische Funktion und der vierte, Ancus, die Funktion der Erzeugung und Züchtung. Das gleiche Schema geht aus der Liste der ersten Könige Orchomenos (15), Skandinaviens (16), in den slawischen Chroniken (17) sowie in der mythischen Geschichte der wiederholten Invasionen Irlands (18) hervor.

*c) Ererbte Erzählschemen im Epos.* — Dreifunktional ist ebenfalls Vergils Behandlung der Trojanischen Sage: die drei Protagonisten sind der fromme Äneas, der etruskische Krieger Tarquinius, der Verbündete der ersten Stunde in seiner Auseinandersetzung mit dem dritten, dem reichen und im übrigen friedlichen Latinus, mit dem er sich sehr bald versöhnte: Das Schema eines Gründungskrieges ist erkennbar. Die Hauptgestalten *(Pāndava)* des *Mahābhārata*, eines der beiden indischen Großepen, sind die tatsächliche (im Text deutlich vermerkte) Verkörperung der drei Funktionen (19); außerdem steht hier das dreifunktionale Schema neben mehreren anderen, insbesondere neben einer Eschatologie (unten, S. 49), die in der nordischen *Edda* ihre Entsprechung hat. Wir werden im folgenden auf weitere Beispiele solcher Schemen treffen, von denen manche nur eine Funktion betreffen (S. 70), andere die interfunktionalen Beziehungen (S. 31f.). Diese Schemata haben ein bestimmtes Ziel: die Vermittlung einer elaborierten politischen Wissenschaft in lebendiger Form; es sind Lehren zum Gebrauch der Oberhäupter.

*d) Dreifunktionale Kurzerzählungen.* — Das Erzählschema kann sich auch auf eine einzige winzige Episode beschränken, wie die Geschichte um das Paris-Urteil: im Schönheitswettbewerb dreier Göttinnen, die ihn als Schiedsrichter nahmen, trifft Paris die falsche Entscheidung, indem er Aphrodite, die die dritte Funktion verkörpert, den Preis gibt. Zahlreiche Berichte gründen sich auf dieses Schema; alle enthalten die gleiche Lehre: Man muß die Güter und Werte der ersten Funktion denen der beiden anderen vorziehen. Die Hierarchie der Funktionen wird ebenfalls durch ‚Wettbewerbe' veranschaulicht, an denen sich Vertreter der drei Funktionen zur Erlangung einer Ehrenstelle beteiligen: der Vertreter der ersten Funktion bekommt sie immer.

*e) Das dreifunktionale Schema in den Formeln.* — Das Schema ist auch in verschiedenen Dreiergruppen enthalten: Gruppierungen von Talismanen, Wohltaten, Plagen, Delikten usw.; diese dreifachen Formeln können sich auf dreifunktionale Begriffe oder Wesenheiten beziehen, etwa die ‚guten, heroischen, heiligen' Fravarti im *Awesta;* Yima ‚Verwalter der Wahrheit, heroisch, Besitzer von großen Herden'; die der vedischen *Sarasvatī* entsprechende Göttin tauschte ihren früheren Namen gegen eine derartige Formel, *Ardvi Sūra Anāhita* ‚die feuchte, die heldenmütige, die reine'. Die griechische Göttin Athena ist ‚heilbringend, Gebieterin der Stadt, Sieg'. Die Triade der Funktionen wird von einer Farbentriade symbolisiert: das Weiß der Priester, das Rot der Krieger, das Schwarz oder Blau der Viehzüchter. Diese Trias äußert sich in den verschiedensten Formen und besteht auf unseren Fahnen fort (unten S. 41 K).

*g) Die drei Funktionen und die Sprache.* — Die dreifunktionale Auffassung ist in der indoeuropäischen Mentalität derart verankert, daß mehrere Substantiva ihr die Artikulierung ihres semantischen Inhalts verdanken; sie ging namlich vom Bereich der *Rede* (dem Bereich der Berichte und Formeln) in den der *Sprache* über. Mehrere Begriffe weisen drei deutlich gekennzeichnete Anwendungsbereiche auf, die in einer Sprache nebeneinander bestehen oder in verschiedenen Sprachen belegt werden können. Das im *Avesta* als $x^{v}$*varnah*-bezeichnete solare Charisma ist ein dreifaches: Die Priester, die Krieger und die Viehzüchter besitzen jeweils eines. Für den indoeuropäischen Begriff **awgos-* wiederum geht die lateinische Bezeichnung *augustus* auf die erste Funktion zurück, wohingegen die vedische Form *ójas-* (die ‚ungeheure Kraft' des kriegerischen Gotts Indra) ein typischer Begriff der zweiten Funktion ist, und das Griechische behält im Namen des durch seine Ställe berühmt gewordene Augias ein *augos* der dritten Funktion.

*g) Historische Kausalität des dreifunktionalen Schemas.* — Es ist daher begreiflich, daß sich das dreifunktionale Schema auf den Lauf der Dinge auswirken konnte. Die dreiteilige Struktur der mittelalterlichen Gesellschaft führte man (20) sogar auf diese Auffassung zurück, die vor ihrer institutionellen Verwirklichung in zahlreichen Weisheitssprüchen zum Ausdruck kommt; etwa „*Li clerc deivent por tous orer Li chevalier sans demorer Deivent defendre et ennorer Et li païsant laborer*" (21). Weit davon entfernt, ein Abbild der politischen und gesellschaftlichen Organisation zu sein, hätte das dreifunktionale Schema demnach vielmehr auf diese gewirkt.

*h) Übersicht über die indoeuropäische Gesellschaftsauffassung.* — Die in den einzelnen Ausprägungen des dreifunktionalen Schemas enthaltenen Angaben geben eine genaue Übersicht über die soziale Organisation, so wie sie die Indoeuropäer auffaßten: „Es ist nunmehr leicht, die erste und die zweite ‚Funktion' mit einem Etikett zu versehen, das allen Nuancen gerecht wird; zum einen das Heilige und die Beziehungen der Menschen zum Heiligen (Kult, Magie) oder zueinander unter der Aufsicht und dem Schutz der Götter (Recht, Verwaltung); ebenfalls die von dem König oder seinen Beauftragten ausgeübte Macht gemäß dem Willen oder der Gunst der Götter; und schließlich generell die Wissenschaft und das Intellekt, die damals von der Meditation und von der Behandlung der heiligen Dinge nicht zu trennen waren. Zum anderen die physische rohe Kraft und die hauptsächlich, demnach nicht ausschließlich kriegerischen Äußerungen dieser Kraft. Es ist wiederum weniger leicht, mit weniger Worten das Wesen der dritten Funktion zu kennzeichnen, die zahlreiche Bereiche umfaßt, unter denen deutliche Beziehungen zutage treten, deren Einheit aber keinen eindeutigen Mittelpunkt aufweist: menschliche, tierische und pflanzliche Fruchtbarkeit zwar, aber zugleich Nahrung und Ergiebigkeit, Gesundheit, Friede (mit den Annehmlichkeiten und Vorteilen des Friedens), häufig Wollust, Schönheit sowie die bedeutende Idee der ‚Vielzahl', die sich nicht nur auf die Güter (Reichtum) bezieht, sondern auch auf die den Gesellschaftskörper bildenden Menschen (Masse). Es sind keine a-priori-Definitionen, sondern konvergierende Lehren aus mehreren Anwendungen der dreiteiligen Ideologie" (22).

*C) Der heimliche innere Feind.* — Die Ideologie der drei Funktionen liefert nicht den gesamten Inhalt der ererbten Erzählschemata, aber alle stehen in irgendeinem Zusammenhang mit dem Leben der Gemeinschaft. Der erstaunliche strukturelle Parallelismus in der Geschichte des nordischen Loki und des ossetischen Syrdon, um ein Beispiel zu nennen, kann nur auf ein gemeinsames Erbe zurückgeführt werden (23). Syrdon und Loki haben zur Gemeinschaft (den Narten bzw. den Asen) das gleiche zweideutige Verhältnis. Sie führen sich häufig als Feinde auf; sie werden zwar wegen ihrer List für nützlich gehalten, aber gleichzeitig verachtet. Sie mögen der Gemeinschaft Dienste erweisen, aber sie teilen nicht deren Ideale, die sie bei jeder Gelegenheit verhöhnen. Nun aber ist Syrdon der Sohn eines Dämonen, Loki der eines Riesen (die Riesen sind der Götter Feinde); ihre Herkunft erschwert anscheinend ihre völlige Integration in die Gemeinschaft, der sie nur durch die Mutter angehören. Die Gemeinschaft wird nämlich als große Familie aufgefaßt, und die indoeuropäische Familie ist patrilinear. Ihre verkehrte Lage verleitet sie häufig zur Lüge, während die Wahrheit eine der wesentlichen Eigenschaften ist, und zu einer heimlichen Feindschaft, die die Endkatastrophe herbeiführt. Diese Sage bildet den Gegensatz zu jenen Gründungskriegen: ein innerer heimtückischer Feind gefährdet hier eine Gemeinschaft aufs höchste (im Falle der Asen trägt er sogar zu deren Zerstörung bei), die sich einst nach einer erklärten Auseinandersetzung und einem ehrlichen, offenen Vertrag gebildet hatte. Auf Grund ihrer Herkunft befinden sich Loki und Syrdon in der Lage jenes indischen *candāla*, dessen Mutter der brahmanischen Kaste angehörte, dessen Vater *sūdra* (also Nicht-Arier war); der *candāla* wird nicht ohne Grund verachtet: er würde eine große Gefahr für die Gemeinschaft darstellen, wenn die ihm anhaftende Verachtung ihn nicht unschädlich machte.

*D) Der politische Inhalt des literarischen Erbes.* — Diese strukturellen Übereinstimmungen machen, mit den zuvor untersuchten formalen (auf der Ebene der Formeln und der Onomastik), die beiden Seiten ein und desselben literarischen Erbes der Indoeuropäer aus. Es besteht demnach kein Grund, sie gegenüberzustellen oder eine der beiden zu bevorzugen. Diese beiden Formen der Erhaltung sind mit denen im Bereich der diachronischen Linguistik vergleichbar: die Erhaltung von festen Formen oder Syntagmen (Formeln) und die formale Erneuerung der Strukturen. Daß die diesen beiden Quellen entnommenen

Informationen vielfach übereinstimmen, darf also nicht verwundern. Bevor die Bedeutung der Begriffe ‚Ruhm' *(kléwos)* und ‚Auszeichnung *(*kens-)* durch die vollständige Analyse der Formelsammlung bekräftigt wurde, hatte G. Dumézil nämlich auf einem anderen Weg „die soziale Funktion des Lobs und des Tadels" hervorgehoben (vgl. *Servius et la Fortune).* Umgekehrt läßt sich das ererbte onomastische Material unschwer auf die drei Funktionen zurückführen — unter Berücksichtigung der Vorherrschaft dieser oder jener Funktion in der jeweiligen Kultur. E. Laroche schließt seine Studie über *Les noms des Hittites* mit folgenden Worten: „Die heroischen Namen aus der sanskritischen und homerischen Tradition, die Namen der persischen, gallischen, irischen und germanischen Anführer sind die einer Kaste (die zweite in G. Dumézils Schema). Die hethitische Gesellschaft hätte unterwegs ihren kriegerischen Namen verloren; es gäbe nur noch das religiöse Gerüst der Onomastik (die Theophoren) und die plepejischen Bezeichnungen (Kosenamen, Herkunftsnamen, Epitheta, Spitznamen)" (S. 367).

Dieses literarische Erbe ist unter seinem doppelten (formalen und strukturellen) Aspekt mehr als ein Zeugnis der indoeuropäischen Weltanschauung: es ist ihr unmittelbarer Ausdruck schlechthin. Ob es sich um Formeln oder um Erzählschemata handelt, der Mittelpunkt des Interesses bleibt stets der gleiche, und zwar die politische Gemeinschaft und die zwischen ihren Komponenten bestehenden Beziehungen. Die Religion erzeugte einen nicht unwesentlichen Teil der poetischen Formelsammlung; die Formel zum Beispiel, die Aurora als ‚Tochter des Tageshimmels' nennt, oder jene, die den Namen der Sonne enthalten. Was aber die dreifunktionalen Schemen (vom Typ *Jupiter-Mars-Quirinus)* betrifft, so beziehen sie sich zweifelsohne in erster Linie auf die menschliche politische Gemeinschaft, die sich in ihrem Pantheon widerspiegelt. Alles deutet darauf hin, daß entgegen einer weit verbreiteten Meinung die Religion nicht der vorherrschende Gedanke der Indoeuropäer ist und vor allem, daß sie für sie keinen Selbstzweck darstellt. Kein Erzählschema betrifft vorrangig das Individuum oder die Welt; kein Gegenstück zu den griechischen Rätseln, deren Lösung der Mensch, ‚das Maß aller Dinge', und zu den kosmischen Apologen Indiens, die die Nichtigkeit des Menschen angesichts der räumlichen und zeitlichen Unendlichkeit hervorheben. Obwohl die politische Gemeinschaft einen ideologisch und formelhaft reichhaltigen Stoff liefert, verfügen wir in diesen beiden Bereichen nur über mittelbare Zeugnisse: Ist aber das Fehlen jeglichen unmittelbaren Zeugnisses nicht bezeichnend?

### 3. *Das Individuum*

*A) Der Körper.* — Der rekonstruierte Wortschatz belegt eine ziemlich genaue anatomische Kenntnis des menschlichen Körpers bereits zu einem frühen Zeitpunkt: die Namen der inneren Hauptorgane sind vorhanden und weisen zum großen Teil eine archaische Form auf; aber ihre Funktion ist nicht bekannt und wird oft recht phantasievoll erdacht.

*B) Die Seelen.* — Das Gegenteil gilt für das psychische Leben: alles ist jung, ungewiß, verschwommen. Es hieße die Frage falsch angehen, wenn man die indoeuropäische Auffassung der Seele aufzudecken suchte; der Gegensatz zwischen Leib und Seele ist eine Vorstellung neueren Datums und wahrscheinlich fremder Herkunft. Das *Awesta* weist fünf Bezeichnungen auf, die wir mit ‚Seele' übersetzen, aber keine einzige hat eine Entsprechung im Vedischen, trotz der engen Verwandtschaft beider Sprachen und Kulturen. Im *Veda* bezeichnet das Wort *ātmán*, das bei späteren Spekulationen bekanntlich viel Erfolg hatte, immer noch das menschliche Wesen in seiner unteilbaren Einheit; etymologisch ist es der ‚Atem', der ‚Hauch'.

*C) Die ‚Letzen Ziele'.* — Diese Auffassung der Wesenseinheit wird aufs radikalste von Yājñavalkya in der *Bṛhad Āraṇyaka Upaniṣad* (4. 14) ausgesprochen: „aus diesen Elementen hervorgegangen, schwindet der *ātmán* mit ihnen; es ist kein Bewußtsein nach dem Tod". Seine Gemahlin, die in dem Bericht die allgemeine Meinung verkörpert, nimmt an der Äußerung Anstoß: die Idee des Fortlebens ist bei den Indoeuropäern wie anderswo weit verbreitet; die Beerdigungsriten gründen auf dieser Vorstellung. Was soll aber eigentlich fortleben? Das vitale Prinzip, der Hauch? oder das denkende Prinzip, das Bewußtsein? Weder das eine noch das andere bei Homer: die Sterbenden verlieren zugleich den vitalen *thymos* und die denkenden *phrenes.* Aufschlußreich ist in diesem Zusammenhang die Äußerung Achilles, der soeben die Vision vom toten Patrokles hatte: „Wehe, also es gibt auch in den Gebäuden des Hades noch einen Hauch und ein Bild, aber Sinne sind gar nicht darinnen!" (24). Was ist aber eine solche Seele, wenn nicht ein bloßer Schein, eine Illusion, ein Traumbild? Ebensowenig wie der homerische Held identifizieren die vedischen Dichter das Wesen mit dem Wenigen, das nach dem Tod fortbesteht. Sie begehren dennoch die ‚Unsterblichkeit' *(amṛ́ta-)*; wenn kein langes Leben gewünscht wird, so doch ein ‚Aufstieg', eine Art Vergöttlichung, die mit dem erwähnten Fortleben in der Erinnerung zusammenhängt und die man durch jene hoch gepriesenen Großtaten oder durch angemessene Techniken erlangt; zu ihnen gehört der Verzehr von *sóma*, der die gleiche Funktion wie der griechische *Nektar* übernimmt. Die Unsterblichkeit wird nicht gegeben, sie wird erworben. Die andere Welt ist ebensowenig egalitär wie die diesseitige. Ebenso bei den Germanen, wo lediglich die mit dem ‚Wodan-Zeichen versehenen Krieger' in Walhall aufgenommen werden; die übrigen Sterblichen und die Götter, wenn sie sterben, steigen in Hels finstere Totenwohnstätte hinab. Die Druiden dagegen stellten anscheinend *allen* ein wonniges Paradies in Aussicht (25). Demnach gibt es keine indoeuropäische

Doktrin der menschlichen Endziele. Der einzige Berührungspunkt ist die dem Ruhm der Geschlechtslinie beigemessene Bedeutung.

*D) Die Seelen und der Leib.* — Die gleiche Unsicherheit herrscht hinsichtlich der sogenannten Leib-Seele Beziehungen. Jede Funktion wird gemäß der ‚substantialistischen' Anschauung der Wirklichkeit (S.      ) zu einer Art Wesenheit objektiviert oder sie wird mit der Tätigkeit einer bestimmten Gottheit gleichgestellt. F. Robert hat das von den Göttern völlig beherrschte Bewußtsein des homerischen Helden anschaulich geschildert: „Alles gehört ihnen: Wissen, Willen, Gefühl" (26). Der Mensch wird von außen gleich einer Marionette ‚be-handelt'. Diese Auffassung hinterließ Spuren in unserem Wortschatz, vorwiegend bei unpersönlichen Gefühlswendungen wie lateinisch *me miseret* ‚es gereut mich', französisch *il me souvient* ‚ich entsinne mich' usw. Die Erscheinungen, die wir auf ein einziges Prinzip, den Geist, beziehen, werden unterschiedlichen Prinzipien zugeschrieben.

*E) Die Hauch-Seele.* — Unter diesen Prinzipien nimmt der Hauch einen bedeutenden Platz ein: *animus* und *anima* der Latiner ebenso der *thymos* und die *psyche* der Griechen, der *ātmán* und die *prāṇá* der Inder sind ursprünglich Hauche. Ihre Rolle ist aber nicht auf das Atmen beschränkt; sie erstreckt sich auf das Denken, das dadurch häufig im Herzen und in den Lungen lokalisiert wird, sowie auf die Wahrnehmung, die ihrerseits als aktiv, als ‚Einhauchung' des wahrgenommenen Gegenstandes aufgefaßt wird. Die (dichterische oder sonstige) Inspiration ist eine Einhauchung.

*F) Das Lebensfluidum.* — Das *aion* bei den Griechen und *āyu* bei den Ariern genannte Lebensprinzip ist ein Fluidum; es ist zugleich ein Zeitbegriff, die ‚Lebensdauer'. Dieses Fluidum befindet sich in der Wirbelsäule, der „Lebenssäule und Quelle der Existenz" laut *Awesta.* Der junge Mensch ‚besitzt' dieses Fluidum: seine Bezeichnung **Hyu-Hlen-* bedeutet ‚das **eHyu-*besitzend'; der Greis verdorrt, weil er dieses Fluidum verliert. Manche Gemütserregungen sind feuchter Natur: die vedische Wurzel *mad-*, die dem lateinischen Verb *madēre* ‚triefen, naß sein' entspricht, bezeichnet die Freude; möglicherweise handelt es sich ursprünglich um die Erregung des Rauschs.

*G) Die Feuer-Seele.* — Weitere Prinzipien gehen auf das Feuer zurück. Das innere Feuer, das in sämtlichen Formen der Erhitzung zutage tritt, ist auch eine Art Seele, die als Flamme dargestellt wird. Daraus ersehen wir, daß sich diese Auffassung ebenso wie die vorigen auf Erfahrungstatsachen zurückführen läßt: der Greis verdorrt, die Leiche erkaltet, das Atmen bleibt mit dem Tod aus; man verliert folglich Flüssigkeit, Atem, Feuer.

*H) Die übernatürlichen Kräfte.* — Diese einzelnen Prinzipien treten bei manchen Menschen in stärkerem Maße in Erscheinung; sie rufen die verschiedenen Phänomene hervor, die von den Parapsychologen erfaßt und untersucht werden. Das feurige Element erzeugt die *aura*, den ‚leuchtenden Ruhm' der mit einem besonderen Charisma ver sehenen Personen, etwa den awestischen $x^{v}$ *aranah-* und vor allem den *tapas-* der indischen Asketen, der das Metall auf Rotglut bringen kann. Im nordischen *Merkgedicht von Rig* kannte der junge König, die Verkörperung des magisch-religiösen Königtums, „Runen, Segnungen und Heilrunen; auch konnte er Krieger schützen, den Sturm stillen, stumpfen das Schwert, Er stellte Feuer, verstand die Vögel, diese zu sänftigen, Sorge zu lindern" (27). Die Druiden üben eine vergleichbare Macht auf den Geist, das Lebewesen, die Materie, die Elemente (28). Im Trancezustand vollbringen Eingeweihte Wundertaten, wie den Gang durch das Feuer. Sagen, Erzählungen und volkstümliche Überlieferungen erwähnen alle möglichen pflanzlichen oder tierischen Verwandlungen: die indoeuropäische Metapher der ‚fünfzweigigen Hand' ist bestimmt mehr als eine Analogie; das dem Krieg gewidmete Kapitel weist im Zusammenhang mit den Geheimgesellschaften junger Krieger auf lykanthropische Erscheinungen hin. Die Techniken des ‚Austritts aus dem Körper' münden manchmal in die Lehre der Seelenwanderung: etwa bei den griechischen Pythagoreern und im postvedischen Indien. In beiden Fällen handelt es sich um eine fremdländische Auffassung, die wahrscheinlich im indo-mediterranen (29) Kulturkreis ihren Ursprung hat. Die gleiche Lehre wurde den Druiden irrtümlich zugeschrieben (30).

*I) Die Einheit des Wesens.* — Metempsychose und Austritt aus dem Körper gründen auf der Auffassung des Wesens als unkörperlichem Element, dem der Körper lediglich als Hülle dienen würde; dieser Auffassung steht die von der Einheit des Wesens entgegen, die zu einem frühen Zeitpunkt bei den Indoeuropäern (wenn auch mehr oder weniger implizit) vorherrschend war. Die Introspektion und folglich alle Techniken, denen sie zugrunde liegt, wie die ‚Anamnesis' oder Wiedererinnerung an frühere Existenzen, standen niemals in hohem Ansehen: „Mitten im Latium wie an der Schwelle Indiens waren die Eroberer ausschließlich der Welt zugewandt, äußerten sich ganz in Bestrebungen und Taten, denen es mehr an der Disziplin der Seele lag als an ihrer Kenntnis, mehr an der Ausübung der *magnanimitas* als an der Erforschung des *animus*" (31). Bei dieser *magnanimitas* handelt es sich um den oben erwähnten **isHróm ménos.*

*J) Eine handlungsbezogene Psychologie.* — Die Seelengröße, das Bewußtsein eines großen Schicksals, ist auch das nordische Ideal des *gaefumaór,* desjenigen, der mehr als die anderen bekam und der diese Überlegenheit zu wahren wußte. Hierzu ist Disziplin vonnöten. Die Disziplin, die zur Selbstbeherrschung führt, setzt nicht die innere Kenntnis des Wesens voraus, sondern die Kontrolle über seine Tätigkeit und seine Handlungen. Die Tätigkeitsbereiche sind drei an der Zahl: das Denken (das gesamte psychische Leben **men-*), das Sprechen **wek*$^{w}$-, das Handeln **werg-*; es gilt, ‚gut angepaßt' zu denken, zu sprechen und zu handeln; Übertreibung, Maßlosigkeit, alles Ungebührliche muß vermieden werden: Hirngespinste, unmäßige Worte, brutale oder unüberlegte Handlungen.

*K) Der Einzelne und die drei Funktionen.* — Entsprechend der Dreiteilung des Staats, lehrt uns Platon, weist die Seele jedes einzelnen ebenfalls drei Teile auf (32). Der erste ist das Prinzip des Lernens, der zweite das Prinzip des Sich-Ereiferns; „den dritten aber", setzt Platon fort, „konnten wir seiner Vielgestaltigkeit wegen nicht mit einem einzigen, seine Eigentümlichkeiten erfassenden Namen ansprechen"; er ist ebenso vielschichtig wie die ihm entsprechende dritte Funktion. Im Individuum wie in der Gesellschaft muß die zweite Funktion der ersten, die dritte den beiden anderen untergeordnet werden. G. Dumézil wies nach (33), daß diese psychologische Dreiteilung ebenfalls in Indien zu finden ist: im klassischen *Sāmkhya* unterscheidet man drei *guna* ‚natürliche Qualitäten' oder ‚Bestandteile': *sattva* ‚helles Prinzip, Reinheit'; *rajas* ‚rotes Prinzip, Tätigkeit'; *tamas* ‚Dunkelheit, Trägheit'; sie entsprechen der Triade *dharma* ‚Gesetz', *kāma* ‚Begierde', *artha* ‚Eigennutz, materieller Besitz'. „Der einzige Ungeborene (d. h. der Geist) ruht neben dem einzigen ungeborenen roten, weißen und schwarzen Weib (d. h. der Natur)". Diese Farben weisen auf die Beziehung zu den drei kosmischen und sozialen Funktionen hin. Nun aber liegt diese Lehre einer Moral oder vielmehr einer Disziplin, dem *yoga*, zugrunde.

*L) Der Einzelne, das Gemeinwesen und die Geschlechterlinie.* — Das Vorstehende zeigt, daß der Einzelne nicht im Mittelpunkt des indoeuropäischen Denkens steht. Demnach existiert der Einzelne voll und ganz erst aufgrund seiner doppelten Zugehörigkeit zur Gemeinschaft seiner Zeitgenossen sowie zur Geschlechterlinie. Sein Wert wird an der Art gemessen, wie er seinen Verpflichtungen in beiden Bereichen nachkommt. Er ist die Biene im Bienenhaus und ein Glied der Kette; sein Wesen zu kennen ist nicht von entscheidender Bedeutung; es geht vielmehr darum, sein Verhalten festzulegen und zu lenken. Die Pflichten gegenüber der Gemeinschaft sind je nach Stand verschieden; sie werden im Zusammenhang mit den drei Funktionen (S. 57) und den Obliegenheiten der Oberhäupter (S. 79) erläutert.

Die Pflichten gegenüber der Geschlechtslinie sind die des von den Soziologen als *trustee* bezeichneten Systems; „es beruht auf dem Glauben, daß die Rasse, der Stamm die metaphysische Realität seien und daß der Einzelne lediglich das vorübergehende Kettenglied der ideal ewigen Familie darstelle und Zeit seines Lebens Namen, Ruf, Status und Besitz der Familie treuhänderisch (in *trust)* aufbewahrt. Der Einzelne war verpflichtet, dieses anvertraute Gut unvermindert und sogar durch die eigene Leistung vermehrt zu übertragen. Der Einzelne erlangte die Unsterblichkeit, wenn die Nachkommenschaft und insbesondere die eigenen Nachkommen sich seiner mit Stolz und Ehre erinnerten" (34).

## 4. *Das Universum*

*A) Kosmologien.* — Es wäre vergeblich. *die* Kosmologien der Indoeuropäer einheitlich und zusammenhängend wiederherstellen zu wollen: aufgrund der einzelnen kosmischen und meteorologischen Erscheinungen konnten die Indoeuropäer, ebenso wie die übrigen Völker des Altertums, nichts Besseres tun, als den Schein zu wahren, das heißt Bilder, die die beobachteten Vorfälle symbolisierten, vorzuschlagen. Sie überbewerteten aber nicht diese Bilder; die Dichter fanden Gefallen daran, sie in Gegensatz zu bringen, um der Welt Geheimnisse und Macht der Götter fühlen zu lassen.

*a) Die Erde.* — Die Erde wird meistens als Scheibe aufgefaßt. Um sie herum stellen die Griechen einen Ozean; mehrere Traditionen schweigen diesbezüglich, aber das in den bildlichen Zeugnissen sehr häufig belegte Sonnenboot schließt die Existenz einer solchen Auffassung — zumindest zu einem frühen Zeitpunkt — ein. Die Standfestigkeit der Erde wird durch den Umstand erklärt, daß diese befestigt wurde: alle bekannten Befestigungsmittel, von Dübeln bis zu Verlötung und Pfeilern sind manchmal sogar nebeneinander erwähnt.

*b)* Auch *der Himmel* ist befestigt, damit er nicht auf die Erde falle. Die meisten vedischen Götter erfüllen jeder auf seine Art die Aufgabe, die die Griechen dem Riesen Atlas zuteilen und die auch eine Stütze, insbesondere ein kosmischer Baum (35) übernimmt. Der Himmel ist somit ein festes Gewölbe aus Holz, Stein oder Metall. Er ist auch ein Amboß, auf den ein himmlischer Schmied schlägt. Jenseits dieses sichtbaren festen Gewölbes erstrecken sich der Äther, der Licht- und Feuerhimmel, zu denen die Wasser steigen, um dort Flüsse, ja sogar einen Ozean zu bilden. Eine indoeuropäische Formel, die im homerischen Beiwort *diipetes* ihren Niederschlag findet, weist auf Flüsse hin, ‚die im Himmel fliegen'; andere fließen dagegen herab.

*c) Der Tag und die Nacht.* — Dieses bislang zusammenhängende Bild ist es nicht mehr, wenn es darum geht, das Aufeinanderfolgen von Tag und Nacht aufzuzeigen. Das Indoeuropäische enthält einen Begriff, der in unseren modernen Sprachen keine Entsprechung hat: **dyew-* (36) der ‚Tageshimmel, der später entweder die Bezeichnung des Himmels oder die des Tages hervorrief. Dieser sich um die Erde drehende ‚Tageshimmel' bringt Sonne und Licht mit sich, und jeden Abend tritt er vor dem Nachthimmel zurück, an dem Mond und Sterne angeheftet sind; „es drehen sich der schwarze und der helle Tag, die lichte und die dunkle Seite mit Vorbedacht" *(Rigveda,* 6. 9. 1). Dieser

‚finstere Raum' (ursprünglich: roter Raum, vgl. Anmerkung 37), der *rájas-*, ist zunächst mit dem Erebos der Griechen identisch: es handelt sich also nicht um eine zeitliche Bezeichnung der nächtlichen Phase, sondern um die eines ‚Nachthimmels' als Entsprechung des Tageshimmels **dyew-*. Unvereinbar ist diese Kosmologie mit der eines unbeweglichen Himmels, wo sich die Sonne in ihrem Wagen bewegt und von der Nacht verschleiert wird — wobei die Sonne, ihre dunkle Seite zeigend oder um die Erde herum gehend, die Tagesstrecke in entgegengesetzter Richtung zurücklegt. Dennoch überschneiden sich beide Kosmologien häufig. Außerdem rief das Phänomen des Regens bereits in der grauen Vorzeit die Vorstellung von einem Vater-Himmel, Gemahl der Mutter-Erde hervor; sie rangieren an erster Stelle unter den ‚sichtbaren Gottheiten' (S. 94).

*d) Die Himmelskörper.* — Bis auf Sonne und Mond, die ebenfalls vergottet sind, gibt es kaum Himmelskörper, deren Namen im Indoeuropäischen rekonstruiert werden können: nur die Sternbilder der Bären, der Plejaden (Siebengestirn) und der Hyaden führen einen Namen, der in zwei Sprachen wenigstens eindeutig zu finden ist. Erst unter dem Einfluß der Babylonier kam die Astrologie, und mit ihr die Astronomie, zur Entfaltung. Die Sterne und Planeten wurden ebenfalls als Löcher im Nachthimmel aufgefaßt, die das Licht des Äthers durchlassen, als glänzende, an dem Nachthimmel angeheftete Gegenstände, öfter aber als lebende Wesen, die sich dort bewegen, wie die tierischen Bezeichnungen der Sternbilder es vermuten lassen. Einige Schwankungen also, die bei den damaligen Techniken unvermeidbar waren.

*e) Die drei kosmischen Funktionen.* Dagegen deutet sich überall eine dreifache Gewißheit an: 1. Die Welt wird von *souveränen Göttern* gelenkt, die im Anbeginn die Bahn der Sonne und der übrigen Himmelskörper festlegten; die ebenso über die Weltordnung wachen wie über die moralische Ordnung in der Menschengesellschaft. Beide hängen nämlich eng miteinander zusammen. Die Männer, insbesondere die Oberhäupter, haben eine kosmische Verantwortung; 2. Die Welt ist der Ort stetiger Kämpfe. Anfangs hatten die kriegerischen Götter gegen einen oder mehrere dämonische Gegner zu kämpfen, damit unter anderem die Wasser fließen, die Sonne scheinen konnte. Heute noch setzt sich dieser Kampf fort und wird bis zur Endkrise andauern; 3. In der Welt ist alles lebendig und demzufolge den Gesetzen der *Erzeugung und der Fortpflanzung* unterworfen: alles ernährt sich, alles bedarf der Stärkung. Das Opfer ist notwendig für den Fortgang der Welt. Die Homologie zwischen Welt und Menschengesellschaft ist im vedischen Indien, wo die drei Welten mit den drei arischen Kasten ausdrücklich in Beziehung gebracht werden, noch mehr ausgeprägt: der Himmel, der von der indoeuropäischen Epoche an Aufenthalt der Götter (**deywó-* ‚himmlisch') ist, mit der brahmanischen Kaste; die Atmosphäre, *antáriksa-*, mit der kriegerischen Kaste: es ist der Wirkungsbereich der kriegerischen Götter, wie *Vāyu* ‚der Wind', einer der führenden indoiranischen Götter, und die *Marut*, deren Name dem des römischen Gottes *Mars* entspricht; unsere Erde schließlich, Quelle des Lebens und der Nahrung, ist der Bereich der dritten Funktion, daher ihre Beziehung zur Kaste *vaíśya*.

*f) Die drei kosmischen Farben.* — Die drei symbolischen Farben der drei gesellschaftlichen Funktionen beziehen sich ebenfalls auf die drei Welten: das Weiß auf den Himmel, das Rot auf die mittlere Welt, das Schwarz auf die untere Welt. Diese Verteilung kann auf den hergestellten Zusammenhang zwischen den drei Welten und den drei Funktionen zurückgeführt werden; sollte sie aber einen naturalistischen Grund haben, dann läßt sie sich durch jene Kosmologie rechtfertigen, der zufolge drei Himmel sich um die Erde drehen, der weiße Tageshimmel *dyew-*, der schwarze Nachthimmel, dazwischen der rote Abendhimmel: diesen soll der Begriff **rég$^{w}$os-* (37) ursprünglich bezeichnet haben.

*B) Die Zeit:*

*a) Die erlebte Zeit.* — Ebensowenig wie der Raum mit dem sie ursprünglich zusammenhängt, wird die Zeit als leere, undifferenzierte Form aufgefaßt. Die Zeit hat eine Substanz: die Zeit der physischen Welt, die das Abwechseln von Tag und Nacht, der monatliche Mondzyklus sowie der jährliche Sonnenzyklus rhythmisch gestalten, besitzt gleich der Zeit des Menschenlebens (S. 39) eine ‚Lebenskraft': der Tag ist jung im Morgengrauen und alt in der Dämmerung (38); jung ist das neue Jahr, das dem Wesen die ihm innewohnende Lebenskraft spendet; die Leiden haben gute Aussicht, mit dem alten Jahr zu verschwinden, dessen Lebenskraft ebenso wie die eines Greises ausgelaugt ist und das nichts mehr Gutes hervorrufen kann. Die Zeit ist somit eine differenzierte Substanz; diese Vorstellung kommt ebenfalls in der Unterscheidung zwischen Glücksund Trauertagen zum Vorschein, die als wohl- oder übelwollende Wesen gelten oder auch von wohl- oder übelwollenden Gottheiten gesteuert werden sollen; zwischen dem Tag, dem Götterbereich, wo die offiziellen, bürgerlichen und religiösen Tätigkeiten ausgeübt werden dürfen, und der Nacht, dem Dämonenbereich, wo dieselben Tätigkeiten untersagt sind. Das nächtliche Opfern kommt laut *Awesta* den Dämonen zugute, und darum halten in Rom die beratenden politischen oder gerichtlichen Versammlungen grundsätzlich keine Nachtsitzungen. Die unvermeidbare Verschiebung zwischen den zwölf Mondmonaten und dem Sonnenjahr, die Anlaß zu verschiedenen Schätzungen bei Kalenderreformen gab, rief einen ‚zusätzlichen Monat' hervor, der sozusagen eine andere Zeitqualität hatte: sie stand gewissermaßen still, und sämtliche Richtlinien des gemeinschaftlichen Lebens, die mit Zeiteinteilung eng zusammenhingen, waren aufgehoben. Diese Periode bot der jugendlichen Vitalität eine Ablenkung sowie die Möglichkeit, der Zeit zur Regenerierung zu verhelfen. Dem übrigen Jahr gaben die Feiertage den Rhythmus.

Außer den natürlichen ‚Gelenken' des Sonnenjahres, den Äquinocien und Solstitien, die Grund zu Feierlichkeiten gaben, waren die alljährlichen Feste auf die drei Funktionen der menschlichen und göttlichen Aktivität verteilt: mehrere betrafen die landwirtschaftliche Tätigkeit; andere die Eröffnung und den Abschluß der Kriegszeit; andere, rein religiöse galten der Gemeinschaft selbst und der Geschlechtslinie — mit der Totenfeier.

*b) Die abstrakte Zeit.* — Alle bisherigen Beobachtungen über die erlebte oder konkrete Zeit dürfen nicht den Eindruck aufkommen lassen, als seien die Indoeuropäer außerstande gewesen, die Zeit in abstrakter Form aufzufassen, das heißt mit den Begriffen der Vor-, Nach- und Gleichzeitigkeit zu operieren. Ganz im Gegenteil, ihr Sprachsystem enthält eine Unterscheidung zwischen dem Unzeitlichen, das der Injunktiv zum Ausdruck bringt, und dem als ‚Konjunktiv' bezeichneten Zeitlichen, das auf drei Zeiten — Vergangenheit, Gegenwart und Zukunft — verteilt ist; dieser prospektive Konjunktiv entspricht dem Dativ im Nominalsystem. Das Ausdrücken der drei Zeiten gründet eine formelhafte, bei Homer, im *Veda* und im *Awesta* bezeugte Übereinstimmung: ‚diejenigen, die gewesen sind, und diejenigen, die sind, und diejenigen, die werden' (Übersetzung H. Humbach). Diese Formel hat ihre Entsprechung in der germanischen Trias der Nornen: *Urdr* ‚die Gewordene', *Verγani* ‚die Werdende', *Sculd* ‚die Sein-Sollende'. Der Gegensatz von Unzeitlichem bzw. Unzeitgemäßem und Zeitgemäßem ist in der Nominalderivation wieder anzutreffen: er bildet nämlich die semantische Grundlage jenes Gegensatzes, den E. Benveniste zwischen Nomina agentis ermittelt. Damit wird die Bedeutung dieser Unterscheidung innerhalb des Systems unterstrichen. Die Indoeuropäer stellten sich die Zeit unter einer substantiellen Form vor, aufgrund der bereits hervorgehobenen Tendenz, allem, weas nur Gedanke ist, Leben zu verleihen.

*C) Kosmogonien.* — Den indoeuropäischen kosmogonischen Mythos wiederherstellen zu wollen wäre ebenfalls vergeblich: allein das vedische Indien bietet uns mindestens drei Typen von Kosmogonien (39), die nicht aufeinander zurückführbar sind; und keine entspricht der von Hesiod wiedergegebenen griechischen Kosmogonie, der zufolge der Nachthimmel *(Uranos)* von der Erde seiner Gemahlin durch die Sense seines Sohnes *Kronos* getrennt wurde und Zeus (*dyew- ‚Tageshimmel') besiegte und ablöste: diese Kosmogonie erinnert an jene Kosmologie der drei Himmel. Im Mittelpunkt der einen vedischen Kosmogonie steht der Mord *Indras* an dem Drachen-(Widerstand) *Vtra,* der die Wasser blockierte; andere vergeben die entscheidende Rolle dem ‚Herrn des *bráhman' Brhaspati;* weitere sehen in der Schöpfung das Werk eines ‚aller Werke Kundigen' *Viśvakarman.* Drei Gruppen von Kosmogonien also, die den drei arischen Kasten entsprechen. Zur Schöpfung der Welt legte Ormazd *(Ahora Mazdā)* nacheinander das weiße Kleid der Priester, das rote der Krieger und das blaue der Viehzüchter an. Der kosmogonischen Betrachtung in der arischen Welt liegt demnach ein politisches Denken zugrunde. Das gilt ebenfalls für die griechischen Mythos, aus dem J.-P. Vernant folgende Lehre zieht: „keine echte kosmische Ordnung ohne Differenzierung, Hierarchie, Übermacht". Das bedeutet, daß die kosmische Ordnung die soziale Ordnung widerspiegeln muß. Der zwischen den politischen Bestrebungen und dem kosmogonischen Mythos bestehende Zusammenhang ist auch im *Veda* zu finden, nämlich im Mythos des kosmischen Riesen *Purusa,* der Entsprechung des nordischen *Ymir:* „Als sie den Purusa auseinander legten, in wie viele Teile teilten sie ihn? Was ward sein Mund, was seine Arme, was werden seine Schenkel, was seine Füße genannt?" (*R. V.* 10. 90. 11). Die Antwort lautet: die vier Kasten, deren Funktion dem Organ entspricht, das sie hervorrief, die Brahmanen, Inhaber der Formeln und der Dichtkunst, die kräftigen Krieger, die Bauern und, die niedrigste, die Diener. Man stellte sich den Weltbeginn auch wie das Ausbrechen eines Eis vor: der fossile Seeigel der Kelten (40), der vedische Goldempryo, das Orphische Ei. Die gotische Bezeichnung der Welt *fairhvus*, die aus dem indoeuropäischen Namen der ‚Eiche'*pérk$^{w}$us hervorging, behält möglicherweise die Spur einer Kosmogonie (S. 97), wonach eine kosmische Eiche von einem Donnergott, wie dem lettischen *Perkūas* (S. 142), getroffen werde. Einer berühmten Formel des *Rigveda* (10. 129. 7) zufolge: „Woraus diese Schöpfung sich entwickelt hat, ob er sie gemacht hat oder nicht — der der Aufseher dieser Welt im höchsten Himmel ist, der allein weiß es, es sei denn, daß er es nicht weiß". Manche Kosmogonien erwähnen eine Schöpfung des Raums: diese Rolle spielt der vedische Gott *Visnu*, der mit drei Schritten den Raum schafft, den die drei Welten einnehmen werden; es ist ebenfalls ein wesentliches Element der Kosmogonien, in denen Himmel und Erde, auf welche Weise auch immer voneinander getrennt werden. Andere Kosmogonien aber gehen von einem leeren Raum, von einem gähnenden Abgrund aus: so lautet die Bedeutung des Wortes *chaos*. Mehrere Kosmogonien erwähnen eine Schöpfung der Zeit, oder nehmen sie an: die ‚begrenzte Zeit' der mazdaischen Kosmogonie, die die ‚unbegrenzte Zeit' ablöst, ist das eindeutigste Beispiel hierfür. Die Schöpfung der Zeit erfolgt durch die Festlegung der Sonnen- und Mondlaufbahn, die die Zeiteinteilung bestimmt. Außerdem erscheint die Zeit hier und da als Urquell. Die meisten Kosmogonien schweigen über die Frage nach dem linearen oder zyklischen Wesen der Zeit; diese Frage wird nur etwa im Zusammenhang mit der Geschichte der Menschheit gestellt.

*D) Die Geschichte der Menschheit.* — Auch hier stützt ein politischen Denken die Vorstellung, die man sich von der Entwicklung der Menschheit macht. Das brahmanische Indien unterscheidet vier Zeitalter, die den vier Kasten entsprechen: das erste ist brahmanisch, das zweite *ksatriya*, das dritte *vaiśya* und das letzte (das *kāli-yuga)śūdra*. Die Griechen erbten ein ähnliches Schema, das sie weniger übersichtlich gestalteten, sofern sie jedes der drei Zeitalter zwei Arten zuordneten: die eine ist gerecht und fromm, die andere ‚unmäßig' und frevelhaft. Somit stellen die Goldene und die Silberne zwei Aspekte der souveränen Funktion dar; die Eherne und die der Helden zwei Aspekte der kriegerischen Funktion; im Gegensatz zu den vorigen ist die gegenwärtige Eiserne dem harten Gesetz der Arbeit, den Zwängen der Erzeugung und der Züchtung unterworfen; sie entspricht genau der dritten Funktion. Und man wird mit der nächsten um eine weitere Stufe fallen, denn alle der Gesellschaftsordnung zugrunde liegenden Werte werden niedergetreten werden: „Das Bild des von der *Hybris* verwirrten Ackerbauern, so wie die sich zum Ende neigende Eisenzeit es darstellt, ist hauptsächlich eine Revolte gegen die Ordnung: eine verkehrte Welt, in der jede Hierarchie, jede Regel, jede Eigenschaft in ihr Gegenteil verwandelt wird" (41). So stellen sich Germanen und Kelten das letzte Weltalter vor; das Bild, das sie sich davon machen, ist mit dem identisch, das Hesiod in *Werke und Tage*, V. 180f gibt. Dekadenz und Subversion gehen Hand in Hand; ihnen wohnt der Verfall der Charaktere als gemeinsames Prinzip inne. Die Entwicklung läuft parallel zu jener, die Platon mit Bezug auf den hesiodischen Mythos in seinem *Staat* beschreibt: einer allmählichen Verderbnis der Charaktere zufolge kommt man von der aristokratischen ‚Timokratie' (Herrschaft der Ehre) in die plutokratische Oligarchie und von dort, durch die Einwirkung des Neids, in die Demokratie. Dieses Regime von Egalitarismus und Anarchie macht die Tyrannei unabdingbar, die als einzige den Fortbestand der Gemeinschaft im Zustand des Verfalls gewährleisten kann, in den sie geriet. Der Iran erfand eine Ursache für diese Dekadenz, ‚Yimas Ursünde'. Seine Herrschaft erinnert an Hesiods Goldenes Zeitalter: „Denn als er die unwahre Lügenrede in seinen Sinn aufgenommen hatte, ging sichtbar der Glücksglanz von ihm ..."

Er verliert hintereinander die drei Formen des Ruhms, den der Priester, den der Krieger und den der Züchter. Yima faßt am Ende seiner Regierungszeit die gesamte Weltgeschichte zusammen. Der griechische Mythos legt eine wesentliche Einzelheit hinzu: die Verderbnis der Charaktere ist mit einem Rückgang der Vitalität verbunden, der bereits in den vorigen Zeitaltern offenbar wurde und sich im kommenden verstärken wird, wenn die Kinder mit weißen Schläfen geboren werden. Der moralischen Auffassung des *Awesta* steht hier die *biologische* Auffassung ein und derselben *politischen* Entwicklung gegenüber: der Dekadenz.

*E) Eschatologie.* — Diese Entwicklung wird in eine kosmische Katastrophe münden. Zwar nimmt die Darstellung dieser Katastrophe ebenso verschiedene Formen an wie die des Weltbeginns; alle bekannten oder denkbaren Kataklysmen sind daran beteiligt: Sintflut, Weltbrand, Absturz der Sterne isw. Dennoch wird diese Katastrophe in allen Fällen als Sied der Kräfte des Bösen in der Welt aufgefaßt, der mit dem Triumph der Subversion in der Menschengesellschaft zusammenfällt. Erst dann wird eine neue Welt entstehen können: „Ungesät werden die Äcker bewachsen. All Böses wird besser, denn Balder wird kommen ..."

Die epische Übertragung dieses eschatologischen Mythos im *Mahābhārata* wurde oben erwähnt. Das armenische Volksepos deutet eine Rückkehr der von *Mher* verkörperten Gerechtigkeit an; nach einer kosmischen Katastrophe ist *Mher,* dessen Namen auf den iranischen *Mithra* verweist, mit seinem Pferd in einer Hölle eingeschlossen. „Erst wenn die Welt zerstört und wieder erbaut ist, dürfen wir diesen Ort verlassen" (44).

*Mhers* Rückkehr fand ihr Echo in der von Vergil besungenen Rückkehr der Gerechtigkeit, *Astraia* oder

*Dike:* „Schon kehrt die Jungfrau, Satur hat wieder die Herrschaft; schon steigt neu ein Erbe herab aus himmlischen Höhen“ (45).

Hesiod hat diese Hoffnung anscheinend auch gehegt; würde er sonst bereuen (wie J.-P. Vernant er zu erkennen gibt) (46), nicht früher gestorben oder *später geboren* zu sein? (*Werke und Tage*, V. 175). Was wird später aus diesem Goldenen Zeitalter werden? Wird es beständig sein, wie die iranische Tradition es versichert, oder wird die Welt laut indischer Auffassung in einen erneuten Verfallszyklus bis zur nächsten Katastrophe geraten? Hier weichen die Überliefrungen voneinander ab, denn es ist nicht das Wesentliche: dem heutigen Menschen und seiner Wirkung in der Welt ist es einerlei.

Ob es sich um den Raum oder die Zeit, um die Geschichte der Welt oder der Menschheit handelt, läuft schließlich alles auf die Frage nach den Beziehungen zwischen den einzelnen Bestandteilen der Gemeinschaft hinaus: Jede Ordnung ist das Abbild der Gesellschaftsordnung, jede Entwicklung orientiert sich an der Entwicklung des Gesellschaftslebens. Hierin kann die Anschauung der Welt ebenso wie die Auffassung des Einzelnen als politisch bezeichnet werden. Und wiederum entspricht die Gesellschaftsordnung der kosmischen Ordnung: die Kasten, die als Institutionalisierung der drei Funktionen in der indoeuropäischen Welt zu betrachten sind, werden dort ‚Farben‘ genannt, altindisch *várna*, awestisch *pištra*, und diese Farben sind die der drei Himmel: das Weiß des Tageshimmels, das Rot des Morgen- und Abendhimmels, das Schwarz des Nachthimmels. Ferner symbolisieren diese Farben ebenfalls die Ordnung der Gesellschaften, deren Dreiteilung nicht den drei Funktionen entspricht, zum Beispiel die germanische Gesellschaft. Die Übereinstimmung gilt also in beiden Richtungen. Die Tradition, ob Formelsammlung oder begriffliche Schemata, bevorzugt überhaupt das Politische: sie ist auf die Handlung ausgerichtet, sie zielt hauptsächlich darauf hin, das Verhalten der

Oberhäupter zu lenken. Aber die politischen und sozialen Realitäten ändern sich und die als unveränderlich geltenden Institutionen entwickeln sich: die dreifunktionale Struktur haben nicht alle indoeuropäischen Gesellschaften gemein und trotzdem kennen manche, auf einem anderen Modell aufgebauten Gesellschaften die Dreiteilung der symbolischen Farben. Unterhalb der ausdrücklichen Form der Tradition befindet sich also eine (auf die Wirkung der Menschen in der Gesellschaft ausgerichtete) unformulierte Weltanschauung, der zufolge die drei Himmel und ihre Farben, die bedeutendsten Zeitzyklen, insbesondere der Jahreszyklus, eine Hauptrolle spielen.

*Anmerkungen:*

1 KZ (Zeitschrift für vergleichende Sprachforschung auf dem Gebiet der indogermanischen Sprachen), 2, S. 467.
Vgl. Rüdiger Schmitt, *Dichtung und Dichtersprache in indogermanischer Zeit*, 1967, für diese überlieferte Formel sowie für die im folgenden erwähnten.

2 C. Watkins, *Hethitisch und Indogermanisch*, Hrsg. v. E. Neu und W. Meid, S. 269.

3 *Wolken*, V. 61—72, dt. von J. Minckwitz. Dieser Ausschnitt wurde von F. Solmsen, *Indogermanische Eigennamen*, S. 171, erläutert.

4 *Edda*, übertragen von Felix Genzmer, 2. Bd. Götterdichtung und Spruchdichtung, S. 113—121.

5 G. Dumézil, *Heur et malheur du guérrier*, 1969, S. 48; über die Gründungskriege vgl. unten S. 112.

6 A. Meillet, *Introduction à l'étude comparative des langues indo-européennes*, 8, 1937, S. 47.

7 *Antiquitates Indogermanicae, Gedenkschrift für H. Güntert*, 1974, S. 99.

8 Die so genannte Geistesverfassung hat mit der heutigen Wendung ‚guter Charakter' nichts gemein!

9 Unten S. 40.

10 S. 22.

11 R. Schmitt, aaO. Für die einzelnen aufgeführten Formeln sei der Leser auf diese Schrift verwiesen.

12 Die lateinische Bezeichnung des ‚Dichters', *vātēs*, geht auf eine Wurzel mit der Bedeutung ‚blasen, eingeblasen' zurück.

13 Der Metapher **wékwos tek*$^5$- ‚Worte zimmern' entspricht die ‚des gerade Besprochenen', ‚der Fügung der Worte'. Vgl. Anmerkung 12 sowie infra S. .

14 **Hrti/om wek*$^w$- ‚angepaßt sprechen', *Lalies*, 2, 1982, S. 7f.

15 F. Vian, *Hommages à Georges Dumézil*, 1960, S. 215—224.

16 G. Dumézil, *Mythe et épopée*, 1968, I, S. 264—268.

17 R. L. Fisher Jr., Indo-European Elements in Baltic and Slavic Chronicles, *Myth and Law among the Indo-Europeans*, 1970, S. 147—158.

18 G. Dumézil, *Mitra Varuna*, 2, 1947, S. 27—39; C. F. Guyonvarc'h, *Textes mythologiques irlandais*, 1980.

19 S. Wikander, Religion och Bibel, 6, 1947, S. 27—39; G. Dumézil, *Mythe et épopée*, I, Erster Teil (sowie S. 337f. über die *Äneis)*.

20 J. Batanym, Des ‚trois fonctions' aux ‚trois états', *Annales, Economies, Sociétés, Civilisations*, 18, 1963, S. 933—938; vgl. ebenfalls oben S. und unten S.

21 Etiennes de Fougères (12. Jahrhundert), angeführt von J. C. Rivière in J. C. Rivière, *Georges Dumézil*, S. 200.

22 G. Dumézil, *L'idéologie tripartie des Indo-Européens*, 1958, S. 18—19.

23 G. Dumézil, *Loki*, 1947. Discussion de l'hypothèse d'un emprunt, S. 247f.

24 *Ilias*, 23, V. 103f. Übersetzung von Albrecht Schaeffer. Der Text läßt übrigens den Eindruck aufkommen, daß Achilles keine feste Meinung über diese Frage hatte.

25 F. Le Roux, C. J. Guyonvarc'h, *Les Druides*$^2$, S. 276—277.

26 F. Robert, *Homère*, 1950, S. 16.

27 *Edda*, aaO, S. 120.

28 E. Le Roux, C. J. Guyonvarc'h, *Les Druides*$^2$, S. 160f.

[29] Diese Kulturgemeinschaft grenzte V. Pisani ab, *L'unità culturale indo-mediterranea anteriore all'avvento di Semiti e Indeuropei*, 1936.

[30] F. Le Roux, C. J. Guyonvarc'h, *Les Druides*², 1966, S. 259f.

[31] G. Dumézil, *La religion romaine archaïque*², S. 369.

[32] Platon, *Der Staat*, 580 d. Übertragen von R. Rufener (1973).

[33] G. Dumézil, *L'idéologie tripartie*, S. 25—26.

[34] C. C. Zimmermann, zitiert bei R. Pearson, *JIES*, 1, 1973, S. 157.

[35] Die Weltesche Yggdrasill der nordischen Germanen, der Sonnenbaum bei den Balten usw.; es handelt sich um eine ‚schamanische' Auffassung.

[36] Die Ambivalenz ‚Himmel' und ‚Tag', die im Vedischen unmittelbar, sonst mittelbar bezeugt ist, spiegelt diese Bedeutung wider.

[37] Die Wurzel *$reg^{w}$ *bedeutet ‚rotfärben' ved. rájyati.* Die Bedeutung von ‚Abenddämmerung' ist von armenisch *erek* ‚Abend' bezeugt. Vgl. *Etudes indo-européennes*, 1, 1982, S. 26—27.

[38] G. Dumézil, *Annales d'Histoire économique et sociale*, 10, 1938, S. 289—301.

[39] J. Varenne, *Cosmogonies védiques*, 1982.

[40] F. Le Roux, C. J. Guyonvarc'h, *Les Druides*², S. 321f.

[41] J.-P. Vernant, *Mythe et pensée chez les Grecs*, S. 23.

[42] *Yt.*, 19, 34.

[43] *Der Seherin Gesicht* aus der *Edda*.

[44] *David von Sassuun* (frz. Übersetz. v. F. Feydit).

[45] Vergil, *Hirtengedichte*, IV, 6f.

[46] J.-P. Vernant, *Mythe et pensée chez les Grecs*, S. 23.

Zweites Kapitel

# DIE GEMEINSCHAFT

# I. — DAS VOLK

Das Volk ist ebenso wie der Einzelne durch einen Namen gekennzeichnet; wir können sogar behaupten, daß das Volk sich mit diesem Namen identifiziert, wie die formelhafte Übereinstimmung zwischen lateinisch *nomen Latinum* ‚das lateinische Volk' und vedisch *áryam nama* ‚das arische Volk' es bezeugt. Aus dieser Beobachtung dürfen wir selbstverständlich nicht schließen, daß diese Völker lediglich den Namen gemeinsam hatten! Wir kennen zwar nicht den Namen, den sich die Indoeuropäer gaben; es steht aber außer Zweifel, daß sie ein *Volk* bildeten, das durch die Sprache und, wie eben festgestellt, durch die Ideale, die Anschauungen, das literarische Erbe vereint war; gemeinsam hatten sie ebenfalls Institutionen, die es nun zu untersuchen gilt. Das indoeuropäische Volk ist keine undifferenzierte Masse von Individuen; es ist eine strukturierte Gemeinschaft, die ‚horizontal' durch die drei Funktionen und ‚vertikal' durch die „vier Kreise der sozialen Zugehörigkeit" (1) artikuliert wird.

## 1. Die drei Funktionen

Bei den Indoeuropäern ist die dreifunktionale Auffassung nicht nur die Hauptachse ihrer Weltanschauung, sie stellt ebenfalls eines der beiden Hauptprinzipien der Gemeinschaftsstrukturierung dar.

*A) Die drei Funktionen und die drei arischen ‚Farben'.* — Die arische Gesellschaft teilt sich in drei funktionale Klassen, ‚Farben' genannt, ved. *várna-*, aw. *pištra-* mit Bezug auf die symbolischen Farben der drei kosmischen und gesellschaftlichen Funktionen. Auch wenn die Bezeichnungen vom vedischen Indien zum awestischen Iran abweichen, ist eine strenge Parallelität zwischen ihren sozialen Einrichtungen festzustellen, wie es die folgende Übersichtstafel bezeugt:

| Vedisches Indien | | Awestischer Iran | |
|---|---|---|---|
| Bezeichnung der Kastenmitglieder | Bedeutung | Bezeichnung der Kastenmitglieder | Bezeichnung |
| 1. *bráhman-* | ‚Mann der Formel' | *āθravan-* | ‚Herr des Feuers' (?) |
| 2. *ksatŕya-* *oder* *rājanyà-* | ‚dem *ksatrá-* angehörend' ‚Königlich' | *rasθē štar-* | ‚Kämpfer im Streitwagen' |
| 3. *vaíśa* | ‚Dorfbewohner' | *vāstryō . fšuyant-* | ‚Hirt, Züchter' |

Die symbolischen Farben der beiden ersten Kasten sind die gleichen: Weiß für die erste, Rot für die Zweite. Sie weichen bei der dritten voneinander ab: In Indien ist es das Gelb, im Iran das Schwarzblau. Diese Abweichung ist darauf zurückzuführen, daß in Indien die schwarze Farbe den nicht-arischen *sūdra-*, möglicherweise aufgrund ihrer Hautfarbe, zugeteilt wurde. Im Iran bildeten die Handwerker einen vierten, im Awestischen *hūiti-* genannten *pištra*,

*B) Die drei Funktionen und die vier ionischen „Lebensweisen".* — Wird die (später gebildete) Klasse der ‚Handwerker', der aus der von Strabon und Platon wiedergegebenen Aufstellung der ionischen Gesellschaftsklassen genommen, ist das dreifunktionale Schema zu erkennen:

| | Strabon | Platon |
|---|---|---|
| Erste Funktion | *hieropoioi* ‚Opferpriester' | *hiereis* ‚Priester' |
| Zweite Funktion | *phylakes* ‚Wächter', ‚Hüter' | *machimoi* ‚Krieger' |
| Dritte Funktion | *georgoi* ‚Landleute' | *georgoi* ‚Landleute' |

Man merke lediglich, daß die dritte Funktion aufgrund einer ihrer, hier vordergründigen, Tätigkeiten, des Ackerbaus, bezeichnet wird. Einer, von verschiedenen Autoren wiedergegebenen Sage zufolge soll die ionische Urgesellschaft in drei ‚Stämme' geteilt gewesen sein, die wie jene Narten-‚Familien' den drei funktionalen Klassen entsprechen. Im Gegensatz zur arischen Welt sind die Daten eher mythisch als historisch.

*C) Die drei Funktionen und die drei Stämme des ursprünglichen Roms.* — Mythisch ist ebenfalls die Einteilung des ursprünglichen Roms in drei Stämme: *Ramnes, Luceres, Titienses* (2). Sie bestätigt nur den Fortbestand der Auffassung, aber nicht der Institution.

*D) Die drei Funktionen in der keltischen Gesellschaft.* — Mit der gallischen Gesellschaft, die laut Caesar in Druiden, Ritter und Plebs gegliedert war, betreten wir wieder einen festeren Boden; diese funktionale Trisektion (Dreiteilung) wird durch die der ältesten irischen Gesellschaft bestätigt, die, wie im Iran, in einen Druidenstand (mit mehreren Unterklassen), einen Kriegeradel *(flaith)* und Freibauern, genannt ‚Viehzüchter' *(bo aire)* geteilt war; auch in Irland kam ein Handwerkerstand *(aes dána)* dazu.

*E) Die drei Funktionen in der germanischen Gesellschaft.* — Wir besitzen keine Angaben älteren Datums über die baltische und die slawische Gesellschaft; dagegen ist uns die germanische Gesellschaft sowohl durch die alten Autoren, etwa Caesar oder Tacitus, bekannt, als auch durch ein *Edda*-Gedicht, *das Merkgedicht von Rig (Rigspula)* (3). Sie ist in drei Stände geteilt: die *Jarl* oder Adlige; die *Karl*, Freibauern; die *Thraell*, Knechte. Wenn letztere auf die dienenden Aufgaben der dritten Funktion beschränkt sind, unterstehen die *Karl*, die Bauern-Soldaten, bei diesen beiden Tätigkeiten den *Jarl*. Die geistliche Tätigkeit ist nicht das Erbteil eines Standes, sondern eines besonderen *Jarl*, des

Königs. G. Dumézil (4) sieht darin das Ergebnis einer „funktionalen Verschiebung", wie sie auch bei einigen Gottheiten (oben S. 136) erfolgte; die Abschaffung der Priesterkaste habe eine Verlagerung hervorgerufen, die in der Aufteilung der drei kosmischen Farben offenbar wird: das Weiß an die *Jarl*, das Rot an die *Karl*, das Schwarz an die *Thraell*. Wenn aber die drei Farben ursprünglich *kosmisch* (S. 45) sind, setzt ihre Verteilung im germanischen Gesellschaftssystem keine vorherige Entwicklung voraus. Ferner sprechen zahreiche Zeugnisse für eine engere Bindung zwischen den beiden ersten Funktionen: die zwei höheren Kasten Indiens sind sogenannte *ubhé vírye*, ‚die zwei (verbündeten) Mächte' gegen die dritte; in Rom ist die älteste tatsächlich belegte Struktur die Dualität zwischen Patriziat und Plebs; das Schema der Gründungskriege (S. 24) ist immer binär. Und da die magisch-religiöse Auffassung des Königtums schwerlich mit einer Neuerung erklärbar ist, drängt sich die Frage auf, ob das Modell einer Gesellschaft, die sich aus einem *Adelsstand* mit seinen Dichtern, Magieren usw. (diese bilden nämlich keine Klasse für sich), aus *Bauern-Soldaten* und aus Knechten zusammensetzt, nicht auf das graue Altertum zurückgeht. In diesem Modell gehören die Knechte der Gemeinschaft an. Woanders, das heißt dort, wo die Priester eine Kaste bilden (Brahmanen, Druiden) sind sie von der Gemeinschaft ausgeschlossen: das gilt beispielsweise für die indischen *sūdra;* es kann sich um eine Neuerung der Gesellschaften handeln, in denen ein indoeuropäischer Adelsstand über eine einheimische, nicht-integrierte Masse herrscht. Die Sklaverei scheint tatsächlich keine indoeuropäische Institution zu sein: überall gründet die Bezeichnung des Sklaven auf einer Neuerung. Die einzige wahrscheinliche Übereinstimmung besteht zwischen griechisch *doulus*, mykenisch *doero (*doselo-)* und vedisch *dāsá-*, eine typische Übereinstimmung der ‚indo-mediterranen Kultur'. In seiner Darstellung der mykenischen Gesellschaft hebt L. R. Palmer (5) die Existenz zweier Stände hervor, einen über

Privateigentum verfügenden Feudaladel, während das Volk dem Regime des Gemeineigentums untersteht. Er kann aber nicht genau ermitteln, ob die Priester eine Kaste für sich bilden; für die Grundbesitzordnung bilden sie nämlich keine. Eine ähnliche Dualität tritt in einer umbrischen Formel deutlich zutage, wo zwei Menschengruppen erwähnt sind, die mit dem Sakralen assoziierten **ner-* und die mit dem Vieh assoziierten **wīro-*. Die gleiche Struktur weist das ursprüngliche Rom auf, wo dem Patriziat, dem alleinigen Besitzer der *sacra*, eine auf die Tätigkeit der dritten Funktion beschränkte Plebs gegenübersteht.

*F) Die drei Funktionen in der indoeuropäischen Gesellschaft.* — Trotz der auffallenden Parallelität zwischen den keltischen und indoiranischen Gesellschaftsstrukturen, die von mittelbaren (historischen, mythischen) Zeugnissen aus Griechenland und Rom bestätigt wird, können wir die tatsächliche Ordnung der indoeuropäischen Gesellschaft nicht genau bestimmen. G. Dumézil bleibt diesbezüglich noch unschlüssig: „Es kann sein, daß die Gesellschaft vollständig unter Priester, Krieger und Hirten aufgeteilt wurde. Man kann ebenso annehmen, daß die Unterscheidung lediglich dazu geführt hatte, einige Sippen oder einige ‚spezialisierte' Familien hervorzuheben, weil die ersten wirksame Geheimnisse, die zweiten kriegerische Initiationsriten und Techniken, die dritten zuletzt Zuchtrezepte und -magien bewahrten — während die undifferenzierte oder weniger differenzierte Masse der Gesellschaft sich der Leitung der einen oder der anderen je nach den Bedürfnissen und den Gelegenheiten überließen. Mehrere Zwischenformen sind schließlich durchaus vorstellbar, es sind aber nur Vorstellungen" (6).

Wir wissen, wie sich das Modell im geschichtlichen Zeitraum entwickelte: neue Klassen, wie die der Schreiber oder der Handwerker, bildeten sich. Ferner konnte die — unbestreitbare — Existenz einer dreiteiligen *Ideologie* zur Gründung dreiteiliger *Einrichtungen* führen, wie im mittelalterlichen Abendland (S. 32); es ist nicht verwehrt anzunehmen, daß eine ähnliche Entwicklungsform zuvor auf den indoeuropäischen Bereich ganz oder zum Teil eingewirkt hat.

*G) Soziale Mobilität.* — Wie die ursprüngliche Schichtung auch sein mochte, die soziale Mobilität war dort jedenfalls begrenzt. Im historischen Zeitraum ist überall bei den höheren Ständen eine Tendenz zu beobachten, den unteren Schichten die außerständische Heirat zu verwehren. Die Tendenz zur Endogamie, die mit dem indischen Kastensystem ihren Höhepunkt erfuhr, gründet, nach R. Pearsons Darlegung, auf dem Begriff des *Familiencharismas* (7), das die Stammlinie nur behalten kann, wenn innerhalb der Klasse oder der Kaste geheiratet wird. Dennoch hat eine Form der sozialen Mobilität Bestand gehabt: der awestische Held Thraētaona stammt aus einer Bauernfamilie, der römische Servius ist der Sohn einer Sklavin; sie wird aber im allgemeinen durch das *Prinzip der drei Generationen* eingeschränkt: bei den Germanen ist die Nachkommenschaft eines freigelassenen Sklaven erst ab dem Enkel völlig in die Klasse der Freien integriert. Das gleiche Prinzip wird bei mehreren indoeuropäischen Völkern belegt, ob es sich hierbei um den Übergang von der Knechtschaft zur Freiheit handelt oder um die Statusveränderung vom Freien zum Adligen. Der frisch gebackene Adlige verfügt nicht über die Unterstützung einer mächtigen Familiengruppierung: er befindet sich somit in einer unterlegenen Stellung. Das ist, R. Pearson zufolge, die Lage der indoeuropäischen Gesellschaft in der Frühgeschichte. Wie sah es aber im gemeinsamen Zeitabschnitt aus? Die Entwicklung verlief nicht einheitlich: wir sehen, wie die unteren Klassen ununterbrochen für eine verstärkte soziale Mobilität kämpfen; wir sehen aber auch bis zum heutigen Tag, wie sich neue höhere Klassen bilden, die sich abzugrenzen neigen. Wir haben bereits die Bedeutung unterstrichen, die bei den Indoeuropäern dem Ruhm der Stammlinie zukommt: ein sozialer Aufstieg über drei Generationen, wie er im geschichtlichen Zeitraum zu beobachten ist, entspricht dieser Auffassung: das Individuum ist nur ein Glied der Kette; erst durch seine Nachkommen hat es Aussicht, den ‚unverwelklichen Ruhm' zu ernten, falls es in Verhältnissen geboren ist, die es nicht zulassen, daß es ihn erwirbt. Auf ihn fällt der Glanz des sozialen Aufstiegs zurück, den es ihnen sichert, ohne daß es unmittelbaren Nutzen daraus zieht. Umgekehrt kann jeder absteigen: ein alter hethitischer Text berichtet, wie König Telepinuš rebellische Adlige in den Stand von Bauern herabsetzte. Man kann sogar aus der Gemeinschaft ausgeschlossen werden. Die soziale Mobilität liefert ein bequemes Unterscheidungsmerkmal in bezug auf die Funktion oder die funktionalen Klassen der Kasten: die keltische Gesellschaft besitzt, wie oben berichtet, drei funktionale Klassen; sie hat aber lediglich zwei ‚Geburtsklassen' oder Kasten, da der Druidensohn Krieger werden kann, und umgekehrt; die Kastengrenze verläuft also zwischen den beiden ersten funktionalen Klassen, der Elite, und der dritten, deren Unterlegenheit Caesar feststellte.

### 2. *Die vier Kreise der sozialen Zugehörigkeit*

*A) Das iranische Modell.* — Die vertikale Gliederung des Volkes umfaßt vier Zugehörigkeitskreise, an deren Spitze ein Oberhaupt zu finden ist, das zugleich als *Inhaber* (8) und als *Repräsentant* ernannt wird. Deutlich und vollständig ist dieses Modell nur im *Awesta* (9) belegt, das häufig und immer in der gleichen Reihenfolge die vier Kreise sozialer Zugehörigkeit benennt, die Familie *(dam-, nmāna-)*, die Sippe oder das Dorf *(vīš-)*, den Stamm *(zantu-)* und die Provinz oder vielmehr die Nation *(dahyu-)*. Jeder dieser vier Kreise hat ein Oberhaupt, dessen Bezeichnung ein Kompositum von *paiti-* (**poti-)*, ‚Inhaber' und ‚Repräsentant' ist.

*B) Überreste des alten Modells:*

*a) Das vedische Indien.* — Dieses Modell ist im *Veda* nur durch Überbleibsel vertreten; das eindeutigste befindet sich im *Rigveda,* 5. 85. 7., wo vier Rangstufen der Herkunftsbindung der vertraglichen Bindung *(mitrá)* gegenüberstehen: die Familienbindung (vom Bruder verkörpert); die Sippenbildung (vom *veśa-* ‚dem Mann der Sippe' verkörpert); die Stammesbildung (wenn wir *sákhi-* die institutionelle Bedeutung seiner iranischen Entsprechung verleihen) und die nationale Bindung (von *aryamayà-* verkörpert): der *arí-* (mit Gott Aryaman als Personifizierung) bezeichnet den Verband der die ‚Nation' bildenden Stämme; *arí-* bezeichnet die arische nationale Gemeinschaft im Gegensatz zu den Nicht-Ariern, benennt aber auch den der Familie, der Sippe und dem Stamm nicht Zugehörigen; gleichermaßen benennt die vedische Entsprechung der awestischen Bezeichnung der Nation *(dahyu-)* den ‚Fremden' *(dásyu-).* Das Vedische behält ebenfalls drei Bezeichnungen für Oberhäupter, *dámpati-, viśpáti-* und *jā́spati-.* Somit können wir für das vedische Indien ein System wiederherstellen, das dem des awestischen Iran entspricht.

*b) Rom.* — Die Familie, *domus,* und ihr Oberhaupt, der *dominus,* behalten dort ihre Bezeichnung und ihren Status; aber *vicus* ist nur noch das ‚Dorf' oder das ‚Viertel' einer Stadt und sein Zugehörigkeitsderivativ *vicinus* ist nur noch der ‚Nachbar'. *Gens* (mit ihrem Zugehörigkeitsderivativ *gentilis)* hat dagegen ihre institutionelle Bedeutung beibehalten, obwohl das Lateinische den ihr Oberhaupt bezeichnenden Terminus verloren hat. Der Stamm, *tribus,* mit seinem Oberhaupt (dem *tribūnus),* spielt die gleiche Rolle wie die iranische *dahyu-.*

*c) Griechenland.* — Die Bezeichnung der Sippe oder des Dorfes **woyko-* deckt sich nun mit der der Familie: *oikos* ist mit *domos,* dessen Oberhaupt der *despotes* heißt, gleichbedeutend. Das liegt daran, daß sie ab der mykenischen Ära durch die bezeichnung der dörflichen Bodengemeinschaft, *damo (damos)* ersetzt wurde: terminologische oder institutionelle Änderung? Der *genos*, die Entsprechung des awestischen *zantu-* und der römischen *gens*, hat sich erhalten, hat aber im Zuge der Kleisthenes-Reform jegliche politische Realität eingebüßt.

*d) Germanien.* — Die Bezeichnung des ‚Volkes' heißt dort, wie bei den Kelten, den Italioten und den Balten, **tewtā-*, und sein Oberhaupt, der König, nennt sich **tewtā-no-* (gotisch *þiudans*). Die *gens* hat ihre frühere Bezeichnung **kindi-* beibehalten, und ihr Oberhaupt heißt **kindi-na-*. Die alte Bezeichnung der Sippe benennt nur noch das ‚Dorf', got. *weihs*. Die Familie wird auf Grund der Wohnstätte (als der Ort, wo man schläft) **xaima-* bezeichnet, *indoeuropäisch *koymo-*, das im Baltischen wieder anzutreffen ist.

*e) Balten und Slawen.* — Das Baltische erhält die beiden Bezeichnungen des Familienhauses, **domo-* (lettisch *nāmas*) und **koymo-* (lettisch *kièmas*) sowie die des ‚Sippenoberhaupts' in der allgemeinen Bedeutung von ‚Gebieter', lettisch *viēšpats*. Die Slawen behielten von der Terminologie lediglich die Bezeichnung der ‚Sippe' im Sinne von ‚Dorf', *vĭšĭ*; sie erhielten aber unverändert eine alte Gesellschaftsstruktur mit der ‚Großfamilie', die sich auf mehrere Dörfern verteilt und von einem Oberhaupt geführt wird.

*C) Das Blut und der Boden:*

*a)* — Unter den Benennungen der vier Kreise und ihrer Mitglieder treten die beiden traditionellen Grundlagen der ethnischen Zugehörigkeit deutlich zutage, nämlich das Blut und der Boden. Das Blut in den Ableitungen der Wurzel **genH*$_1$*-* ‚erzeugen, gebären', ‚geboren werden' (awestisch *zantu-*, griechisch *genos*, lateinisch *gens* usw.); der Boden in der Bezeichnung der ‚Sippe' **woyk-*, Wurzelnomen von **weyk-* ‚eintreten', also ‚der Ort, wo man eintritt', ‚der eingeschlossene Platz' im Gegensatz zum freien, weiten Raum **réwes-*, der zur lateinischen Bezeichnung des ‚Landes', *rūs*, führte.

Das stellvertretende Wort für **woyk-*, **koymo-*, bezeichnet entweder, wie eben vermerkt, den Ort, wo die Sippe die Nacht verbringt, oder, wie L. R. Palmer es anregte, das ‚gemeinsame Land' der Bauern im Gegensatz zum Eigenbesitz der adligen Familien. Gleichermaßen ist die Bezeichnung der Familie vom passiven Wurzelnomen (10) **dem-* ‚bauen' abgeleitet: es ist das ‚Haus', in dem der Großvater mit seinen Söhnen, seinen Schwiegertöchtern und seinen Enkelkindern zusammenlebt. Die Zugehörigkeit zur Familie und zur Sippe bzw. zum Dorf äußert sich durch häufige gegenseitige Dienstleistungen; die Zugehörigkeit zum Stamm und zur Nation äußert sich nur zu besonderen Anlässen, hohen Feierlichkeiten oder Kriegen.

*b) Die Heimatverbundenheit* wird in den Mythen der Autochtonie, vor allem in Griechenland, offenbar: „Für eine ganze Tradition überträgt der Olivenbaum das Bild einer Gemeinschaft, in der jeder Bürger gleichzeitig Besitzer des einen Teils des Staatsgebiets, Nutznießer der Früchte aus diesem Stück Land und Beschützer des politischen Bodens ist, in dem er gleich einem Baum tief wurzelt" (11). Aber diese Gesinnung führt nicht zur Verknöcherung: die griechische Kolonisation offenbart den Fortbestand jener Liebe zu den weiten Räumen, zum Pioniergeist. Allerdings nahmen die Gründer einer Kolonie einen Klumpen aus dem Heimatland mit, dem sie auf immer treu blieben.

*c)* Die Bedeutung der Stammfolge wurde bereits hervorgehoben; sie kommt in den Mythen der Blutsverwandtschaft für Mitglieder des Stammes und des Volkes zum Ausdruck, besonders aber im Mythus des namengebenden Vorfahren.

*d)* Diese beiden Formen der Verwurzelung lassen sich in den kleineren, auf wenig ausgedehntem Gebiet lebenden Gemeinschaften vereinen, deren Mitglieder alle miteinander verwandt sind. Sobald aber die Gemeinschaft sich ausdehnt und nach außen öffnet, insbesondere wenn die Städte aufkommen, gehen die beiden Formen der ethnischen Zugehörigkeit auseinander. Die Gesetzgebung bevorrechtet die heimatliche Bindung, und die Bande des Blutes verlieren allmählich jede politische Bedeutung. Darauf zielt auch Kleisthenes' Reform ab: „Der Stamm verwirklicht die politische Vereinigung, die Vermengung... der Bevölkerungen". — „Verwandlung des Mythos in Vernunft", meint J.-P. Vernant (12). Zugleich ist es ein Verlust der gemeinschaftlichen Bindung, die das Gefühl einer Blutsverwandtschaft (mochte es auch zum Teil illusorisch sein) erzeugte; umso mehr, als die Heimatverbundenheit nachzulassen neigt, wenn in der Gemeinschaft die Zahl der ‚Zuwanderer', die dort lediglich zu Reichtum gelangen wollen, steigt.

### *3. Jung und alt*

Eine weitere wesentliche Gliederung des Gesellschaftskörpers trennt die *juniores*, die wehrfähigen Männer, von den *seniores*. Jung und alt stehen sich manchmal gegenüber: diesen Konflikt symbolisiert die Gestalt des irischen Gottes *Mac Oc* ‚der Junge Sohn', der immer Partei für die Jüngeren gegen die Senioren ergreift. Zahlreiche Zeugnisse bekräftigen aber die grundlegende Solidarität der beiden Altersklassen. Die Jüngeren werden als ‚die Bewahrer der Fortlebens- und Erneuerungsmöglichkeiten' der Gesellschaft angesehen; es waren zum großen Teil die Jüngeren, die mit dem Brauch des *ver sacrum* (13) zum Aufschwung des indoeuropäischen Volkes beitrugen; zahlreiche Berichte teilen den besseren Anteil dem jüngsten einer Drei-Brüder-Gruppe zu, und kein anderer als *Jarls* ‚jüngster Sohn' wird im *Merkgedicht von Rig* König.

### *4. Die organische Auffassung der Gemeinschaft*

*A)* Die Gemeinschaft wird als ein in sich differenzierter, dennoch fest verbundener Organismus aufgefaßt. — Das vedische Indien drückt diese Auffassung in einem seiner kosmogonischen Mythen aus, dem zufolge die vier Kasten einem Ur-Riesen, dem *Purusa* (‚Mensch') entstammen: „Sein Mund ward zum Brahmanen, seine beiden Arme wurden zum *Rajany* (Krieger) gemacht, seine beiden Schenkel zum *Vaiśya* (Handwerker), aus seinen Füßen entstand der *Sūdra* (Diener)" (14). In Rom stützt diese Vorstellung Menenius Agrippas Argumentation gegen die drohenden Sezession der Plebs: die Plebejer sind die Glieder eines Körpers, dessen Magen das Patriziat ist; sie können folglich nicht von ihm getrennt leben. Dem entspricht auch die Platonische Auffassung des Idealstaats (15) und für die mittelalterliche Christenheit „ist der Gottesstaat, den man für ungeteilt hält, in drei Stände gegliedert ... Diese drei Stände leben zusammen und duldeten es nicht, voneinander getrennt zu werden" (16).

*B) Bürgerliche Eintracht oder Klassenkampf?* — Das von Menenius Agrippa benutzte Bild, ‚die Glieder und der Magen', zielt unmittelbar auf die Gegenanschauung, die des Antagonismus zweier Klassen: von ‚Fressern' und von ‚Gefressenen'. Sich in Schmähungen gegen Agamemnon (*Ilias*, I, 225f) ergehend, bezeichnet ihn Achilles als „volksfressenden König[4] (V. 235). In den *Brāhmana* drückt dieses Bild eine der Beziehungen, die tatsächlich zwischen dem Unteren (*papīyas-*) und seinem Oberen (*śréyas-*) besteht: der Untergebene ist der Tributpflichtige, das ‚Futter' des Vorgesetzten; er ist aber auch dessen ‚Schützling' (*bhāryà-*), wie der römische Klient gegenüber seinem Patron.

E. Benveniste erinnert daran (17), daß „dieses Bild des Brotherrn im Angelsächsischen die Beziehung des ‚Herrn' hervorgerufen hat. Das englische Wort *lord* ‚Herr, Gebieter' stellt ein altes Kompositum *hlāford* dar, dessen erster Bestandteil *hlāf* ‚Brot' (englisch *loaf* ‚Brotlaib') bedeutet. Aus *hlāford* wird *hlāf weard* ‚Brothüter' wiederhergestellt; es handelt sich um einen Nährvater, um den Herrn über den Brotlaib. Gleichmaßen lautet *lady* (‚Dame, Herrin') auf altenglisch *hlaef-dige* (‚Kneterin des Brotteigs'). Die

Untertanen des *lord*, die diesem zugehörig und untergeben sind, sind die ,Brotesser'".

Die Idee einer sich aus zwei widerstreitenden Gruppen zusammensetzenden Gesellschaft kommt zwar mit dem Mythos der ,Gründungskriege' auf; aber die Sage stellt Asen und Wanen, Römer und Sabiner gegenüber, nur um die Ideologie des Bürgerkriegs zu bannen, indem sie den bewaffneten Streit zwischen Elite und Masse in eine abgeschlossene Vergangenheit verlegt. All diejenigen, die Zwietracht gegen die Anführer oder unter den Anführer zu säen trachten, Thersites in der *Ilias*, Bricrius in den irischen Sagen, der Gott Loki in der *Edda*, müssen für ihre Gefährdung der Einheit des Gesellschaftskörpers schwer büßen.

*C) Die konfliktive Gemeinschaft.* — Die organische Einheit schließt dennoch Spannungen und Konflikte nicht aus: das Leben des Gesellschaftskörpers beruht auf einem dynamischen Gleichgewicht der drei Funktionen. Jede dieser drei Funktionen stellt eine Gefahr für die Gemeinschaft dar, wenn das Gleichgewicht gestört ist oder wenn die jeweiligen Vertreter die Pflichten ihres Standes vergessen.

*a) Der unwürdige Führer.* — Mißbrauch der Amtsgewalt, Verstöße gegen das gegebene Wort, Vertragsbruch, Nichteinhaltung eines Eides, Verletzung des Gastrechts, Ungerechtigkeit, Geiz sind ebensoviele Gefahren für die soziale Ordnung; der Führer, der sich dessen schuldig wird, reißt die gesamte Gemeinschaft in seinem Sturz mit: er muß also verdrängt werden bevor es zu spät ist.

*b) Die Übergriffe der ersten Funktion.* — Werden bei magischen Praktiken die religiösen Befugnisse zu persönlichen Zwecken eingesetzt, so kommt es zur Verdammung: die Sage um die seltsame Gestalt des *Kāvya Uśana(s)*, um den Zauberer „zwischen den Göttern und den Dämonen", dem Georges Dumézil den zweiten Teil seines *Mythe et épopée* widmete, macht es anschaulich. Die Exzesse, zu denen die Funktion des Tadelns Anlaß gibt, die Ungerechtigkeit oder die übertriebene Satire, die Verleumdung werden ebenfalls verdammt. Da die Priesterkaste dort, wo es eine gibt, den literarischen Ausdruck des gemeinsamen Bewußtseins ausarbeitet und hütet, schweigt sie verständlicherweise über die Ausschweifungen mancher ihrer Vertreter.

*c) Die Kriegsfunktion und ihre Gefahren.* — Die Krieger, deren „Verhalten zu Friedens- wie zu Kriegszeiten mit den die übrige Gesellschaft ordnenden Prinzipien nichts gemein hatten" (18), waren ein ständiger Unruheherd: von dem rohen Haudegen abgesehen, den mehrere Erzählschemen vom ritterlichen Krieger unterscheiden, ist auch der ‚gute Krieger' zu schlimmen Verfehlungen geneigt, die auf seine Funktion selbst zurückzuführen sind. Bevor der von den Flammen des Scheiterhaufens geläuterte Herakles zum Olymp aufsteigt, hat der Held drei Verfehlungen begangen, und zwar gegen jede der drei Funktionen: er hat nacheinander gezögert, einem Befehl von Zeus zu folgen, einen Feind verräterisch getötet und einen skandalösen Ehebruch verübt. „Drei Sünden des Kriegers", die bei dem germanischen Helden Starkadhr, dem indischen *Śiśupāla* und dem kriegerischen Hauptgott des vedischen Indien Indra wieder anzutreffen sind. Und das *Awesta*, wo Indra mit dämonischen Zügen auftritt, ehrt vom kriegerischen Gott Vāyu lediglich „den Teil, der dem Guten Geist gehört". Dieses Mißtrauen war bestimmt nicht ungerechtfertigt, vor allem gegen jene Kriegerzünfte, die äußerst wirksame Techniken anwendeten. Es offenbart aber auch eine latente Gegnerschaft, die im brahmanischen Indien zwischen Brahmanen und Adligen zutage tritt, wenn es um die Eroberung dessen geht, was man heutzutage die *kulturelle Macht* nennt; wir sehen, wie Adlige mit Brahmanen in theologischen Wortgefechten wetteifern, bei denen wie gesagt die kulturelle Macht ‚auf dem Spiel' ist. Und wenn die Theoretiker des Brahmanismus soviel Nachdruck auf das notwendige Bündnis der ‚beiden Mächte' legen, dann bestimmt, weil dieses Bündnis keine Selbstverständlichkeit war.

*d) Wird die dritte Funktion verachtet?* — Zahlreiche Zeugnisse belasten die dritte Funktion: Auf Solons Apolog antwortet die lebhafte Erzählung des irischen Heiligen Columbanus (19), um das elende Schicksal des wollüstigen Reichen dem glorreichen des Kriegers und des Heiligen gegenüberzustellen. Das klassische Altertum ist reich an Schmähreden gegen die Habsucht der Reichen, der die urtümliche Genügsamkeit entgegengestellt wird.

Eine Textstelle aus der *Edda* behandelt das gleiche Motiv: „Als Götter Gullweig mit Geren stießen und sie in Herjans Halle verbrannten, dreimal verbrannten, die dreimal Geborne" (20): Gullweig ist ‚die Macht des Goldes'. Und dennoch ist im Altertum keine Spur von einem asketischen Ideal, von irgendeiner ‚Verachtung der irdischen Güter'. Der *Veda* preist den Reichtum hoch, das *Awesta* verurteilt die Entsagung: „Der reiche Mann steht über dem, der kein Vermögen hat" (21). Hesiod rühmt den Reichtum, der „immer Verdienst und Ruhm nach sich zieht" (22). Unter Reichtum versteht er aber den durch Arbeit erworbenen, durch „die gute Eris", das heißt den friedlichen Wettbewerb. Der *Veda* hebt ebenso wie die homerischen Epen den Raubzug hervor, verachtet aber nicht den Erwerb von Gütern durch die Arbeit: „Der Zimmermann wünscht einen Schaden, der Arzt einen Bruch, der Hohepriester einen Somaopfernden" (23). Das *Awesta* verurteilt die Faulheit in den Tönen eines Hesiod. Die Handarbeit wird gewürdigt: Odysseus verschmäht es nicht, sich der Schreinerei zu widmen, und die *Odyssee* berichtet, daß er sein Bett selbst angefertigt hat.

*e) Produktion und Spekulation.* — Zwischen diesen beiden Gruppen von Zeugnissen besteht eigentlich kein Widerspruch. Mehrere Jahrhunderte trennen sie, und in diesem Zeitraum entwickelte sich der Geldverkehr (24). Der Reichtum wurde so lange gepriesen, wie der Erzeuger ihn durch seine Arbeit, der Krieger durch die Eroberung und der Priester durch die Kulthandlung erwarb. Das Geld erwies sich aber sehr bald als Bereicherungsquelle ohne

Gegenleistung. Jene natürliche und funktionale verdrängte eine künstliche Teilung zwischen reich und arm, die die Einheit des Gesellschaftskörpers erheblich gefährdet: „In Milet fand ein Krieg zwischen Reichen und Armen statt. Diese waren zunächst überlegen und zwangen die Reichen, aus der Stadt zu fliehen. Da sie aber beklagten, sie nicht niedergemetzelt zu haben, griffen sie nach ihren Kindern und ließen sie in Scheunen von Rindern niedertrampeln. Die Reichen kehrten dann in die Stadt zurück und errangen wieder die Oberhand. Und sie nahmen ihrerseits die Kinder der Armen, beschmierten sie mit Pech und verbrannten sie bei lebendigem Leib" (25).

Es ist kein Zufall, wenn die von Menenius Agrippa bekämpfte Sezession durch die Verschuldung der Plebs bedingt ist: die Plebs lehnt sich weniger gegen das Patriziat auf als gegen den Wucher. Die Schmähungen der Alten gegen den Reichtum werden dadurch verständlicher, das gilt ebenfalls für die Formel eines englischen Predigers aus dem 14. Jahrhundert: „Gott hat die Geistlichen, die Ritter und die Ackersleute geschaffen, der Teufel wiederum die Großbürger und die Wucherer" (26). Die dritte Funktion wird demnach nicht verachtet, aber ihr Betätigungsfeld ist auf die Produktion, also auf die Welt der *Quantität* beschränkt; es kann nicht in das der *Qualität* hinübergreifen. Damit schlossen die Indoeuropäer hinsichtlich der Regierung das Gesetz der Mehrzahl in all seinen demokratischen und plutokratischen Formen aus.

### 5. *Der Einzelne und die Gemeinschaft*

*A) Der Freie.* — Aufgrund der Abkunft gehört man dem Gesellschaftskörper an; diejenigen, die in der Gruppe (**swe*) geboren sind, sind zugleich ‚Mitglieder der Gruppe' oder ‚Freunde' und ‚Freie': die Freiheit heißt im Vedischen *sva-dha* ‚das seine Status' oder *priyám dhama*, eine Wendung, die im englischen *freedom* (27) wieder anzutreffen ist. Im Griechischen und im Lateinischen ist ‚frei' (griechisch _eleutheros,_ lateinisch _liber)_ ursprünglich ‚wer wächst': frei sind diejenigen, die ‚vom Stock stammen' (28). die gleiche Stammform stellt im Hethitischen die Bezeichnung des Freien _(arawa-)_ und die des Kameraden oder des Freundes _(ara-)_: ‚wer der Gruppe angehört' (29).

_B) Der Fremde, der Feind, der Gast._ — Wer von der Geburt her der Gruppe nicht angehört, ist ein Fremder und ein potentieller Feind, wie die Doppelbedeutung des lateinischen Wortes _hostis_ < _*ghosti-_ zu erkennen gibt. Er kann aber eine vertragliche Bindung (zu Beherbergungszwekken) mit einem Mitglied der Gemeinschaft knüpfen, der dort sein Beschützer und gesetzlicher Vertreter sein wird, daher seine lateinische Bezeichnung _hospes_ < _*ghosti-pot-_ ‚Vertreter des _*ghosti-_'.

_C) Der Verbannte._ — Ein Mitglied der Gemeinschaft kann wegen schweren Vergehens ausgeschlossen werden. Das Ausweisungsverfahren, das auf das graue Altertum zurückgeht, besteht in einem ‚Untersagen', das heißt in einer Beseitigung mit verbalen, und nicht mit physischen Mitteln. Der indoeuropäische Ausdruck, den lat. _interdicere_ und seine awestische Entsprechung _antaremrū-_ darstellen, wurde durch Kommutation der Verbalform auf Grund eines präfigierten Verbs _*enter-dhe_$H_1$- ‚ausschließen mit Eingriff', ‚ausschließen mit physischen Mitteln' (daher lat. _interficere_ ‚töten'); er bedeutet somit ‚ausschließen durch Aussprechen einer Formel'. Der nunmehr von der Gemeinschaft des Feuers und des Wassers, das heißt zugleich von der Tischgenossenschaft und der Teilnahme am Kult Ausgeschlossene ‚wird zu einem Wolf': der hethischen Formel ‚du bist ein Wolf geworden!' entspricht die germanische Bezeichnung des Ausgeschlossenen _*warg-a-_ ‚der Erwürger', das heißt der Wolf, sowie die irische Metapher des ‚blauen Hundes bzw. Wolfes' (30), die den Geächteten, den britannischen Ausgewiesenen bezeichnet, und jene berühmte vedische

Textstelle *RV, 9. 79. 3,* die den inneren Gegner *arí-* (den zum Stamm nicht gehörigen ‚Mitbürger') von dem äußeren Feind (Fremder oder Ausgewiesener) unterscheidet, wobei letzterer den Namen des Wolfes, *vŕka-*, erhält.

# II. — DER KÖNIG

## 1. Der König — Vater des Volkes

Die organische Einheit des Gesellschaftskörpers wird vom König verkörpert; diese Einheit spricht jene awestische Metapher des Königs als „Vater seines Volkes" *(Yašt,* 23.5f) aus, die D. Dubuisson (31) anführt: „Mögen aus euch (dem König und Königin) zehn Söhne hervorgehen! Drei von ihnen sollen Priester werden! Drei von ihnen Viehzüchter! und der zehnte werde ein *Vištāspa!* (das heißt ein Kronprinz nach dem Bilde seines Vaters)". Das ist genau das Thema des *Merkgedichts von Rig* in der *Edda,* wo der Gott nacheinander die ersten Vertreter der einzelnen Stände und, zuletzt, den künftigen König *Kon Ungr* erschafft: demnach ist der König mit der gesamten Gemeinschaft verwandt, und nicht nur mit der Familie oder der Klasse, aus der er stammt. In Irland wird diese Vorstellung durch die weibliche Gestalt der Souveränität ausgedrückt, mit der der König vermählt ist.

## 2. Der König und die drei Funktionen

Überall stammt der König aus dem den zweiten Stand bildenden Kriegeradel — mit Ausnahme der Germanen, die keinen Priesterstand haben. Die Konsekration bestätigt das kriegerische Wesen, das er von Geburt hat, verleiht ihm gleichzeitig die Merkmale der beiden anderen Funktionen. Umgekehrt verliert der awestische König *Yima* im Zuge seiner Verfehlung die drei ‚solaren Charismen' *($x^{V}$arenh-),* das des Priesters, des Kriegers und des Züchters. Die einzelnen Bezeichnungen des Königs sowie die sie ersetzenden Metaphern offenbaren die Verbindung der königlichen Funktion mit den drei gesellschaftlichen.

*A)* Das lediglich im Indischen, Lateinischen und Keltischen erhaltene Wort **rēg-* weist auf die erste Funktion hin: es bezeichnet denjenigen, „der die Linie zieht, der gleichzeitig Gradheit verkörpert" (32); es handelt sich um eine „eher religiöse als politische Rolle".

*B)* Die persische Bezeichnung *xšāyaθiya-* (ved. *kṣatríya-*) weist auf seinen Herkunftsstand, den Kriegeradel, hin; die indoeuropäische Metapher des Königs als ‚Panzer', als ‚Wall' oder als ‚Hüter seines Volkes' erinnert an seine kriegerische Rolle; der König, wenn er auch nicht kämpft, ist für das Gelingen eines Kriegsunternehmens unentbehrlich.

*C)* Der König sorgt für Wohlstand: dies kommt in der indoeuropäischen Metapher des Königs als ‚Hirten des Volkes' zum Ausdruck: er führt es auf die ‚guten Weiden', traditionelles Bild der Seligkeit. Ein Garant des Wohlstands, des Waffenglücks und der Gerechtigkeit ist immer noch der indische König in der brahmanischen Zeit. Auf diese dreifache Rolle des Königs weist Darius dreifunktionale Anrufung, *Dpd, 16f:* „Möge Ahura Mazda dieses Land vor dem feindlichen Heer, der Mißernte und der Verlogenheit schützen"; oder Homer: „. . . . wie eines wackeren Königs Ruhm, der göttlichen Sinnes herrscht ob vielerlei Volks und weidlichen Kriegern und achtet Recht und Gerechtigkeit. Ihm trägt die lachende Scholle Weizen und Spelt, ihm brechen von Frucht die strotzenden Bäume, wimmeln die Weiden von Vieh, das Meer bringt Fische; denn weislich herrschet er stets und fromm . . ." (33).

### *3. Die Thronbesteigung*

Um diese heilbringende Wirkungskraft zu erlangen, muß der König von vornherein ein besonderes Charisma besitzen, das die Konsekration nur noch vervollständigen oder verstärken wird. Es handelt sich häufig um ein Familiencharisma. Tacitus berichtet, wie die Germanen ihre Könige „aufgrund ihres Adels" wählen, während sie ihre Heerführer „auf Grund ihrer Tüchtigkeit" bestimmen, und Darius unterläßt es nicht, seine Abkunft in Gedächtnis zu rufen. Dies bestätigt die germanische Bezeichnung des Königs **kuningaz*, Mann aus dem vornehmen Geschlecht'. Es handelt sich manchmal auch um ein individuelles Charisma, wie im Falle Servius (34), dessen Name daran erinnert, daß er Sohn einer Sklavin war; aber der Feuerphallus, der ihn erzeugte, verlieh ihm ein persönliches ‚Glück' *(fortuna)*, das ihn zum Regieren befähigt. Um die Gunst der Götter zu erhalten, muß der König sie ohnehin in Ehren halten und der Gerechtigkeit gemäß leben, wie Homer erinnert.

### *4. Der König und die erste Funktion*

Die Auffassung des Königtums entwickelte sich noch vor der geschichtlichen Zeit; G. Dumézil hob die Ambiguität seiner Stellung im Gesellschaftskörper hervor: „Der König steht bald über, zumindest außerhalb der dreifunktionalen Struktur, wo die erste Funktion dann auf die reine Erteilung des Sakralen ausgerichtet ist, eher auf den Priester als auf die Macht, das Souveräne und seine wirkenden Kräfte; bald ist der König — diesmal mehr ein Priester-König, denn ein Regierender — dagegen der höchste Vertreter dieser Funktion; bald stellt er eine wechselnde Mischung von Elementen dar, die den drei Funktionen entnommen sind, insbesondere der zweiten, der kriegerischen Funktion und eventuell Kaste, aus der er meistens stammt" (35).

Die Ambiguität liegt hauptsächlich zwischen dem dreifunktionalen König und dem König ‚aus erster Funktion', denn das kriegerische Königtum ist eine spätere Erscheinung. Sie spiegelt eine vorgeschichtliche Entwicklung wieder, wenn, wie angenommen, die Bildung eines der ersten Funktion entsprechenden Standes in der indoeuropäischen Gemeinschaft viel später stattfand: dann ist der König in bezug auf den Nationalkult der alleinige Vertreter der ersten Funktion und verkörpert zugleich die Gemeinschaft. Bildet sich aber eine Priesterkaste (Brahmanen, Druiden, Flamines), so orientiert er sich zwangsläufig außerhalb der dreifunktionalen Struktur, damit er weiterhin die gesamte Gemeinschaft verkörpert, und nicht der Vertreter eines Standes wird. Bei dieser Annahme ist *Kon Ungr* aus dem *Merkgedicht von Rig* das archaischste Modell des Königs; der keltische König, auf dem alle möglichen Untersagungen lasten und dessen Rolle eher magisch und religiös als politisch ist, geht ebenfalls auf eine frühere Auffassung zurück; aber er ist nicht mehr der alleinige Vertreter der magisch-religiösen Souveränität, da er nun den Driudenstand neben sich hat. In Indien bilden König und Brahmanen ein ähnliches Paar wie König und Druide bei den Kelten; aber hier lasten die Untersagungen auf dem Brahmanen: der Brahmane nimmt den magisch-religiösen Teil der Souveränität auf sich; der in diesem Bereich entlastete König und Vorsteher des Adels *(ksatrá-)* orientiert sich nach der Funktion des ‚Lenkenden', die der iranische *xšāyaθuya-*, der griechische und der germanische der geschichtlichen Zeit ausüben werden. Die Funktion nimmt weltlichen Charakter an, aber Spuren ihres ursprünglichen Wesens bleiben bestehen: hinter dem indischen ‚Dichter-König' *rājarsi-)*, hinter Hesiods Redner-König (*Theogonie*, 81ff) verbirgt sich eindeutig der Eingeweihte, der die wirkungsvollen Formeln besitzt und die Runen kennt. Demnach kann das ausschließlich religiöse Wesen des *rex* im republikanischen Rom gewissermaßen als die Wiederherstellung des ältesten Zustands betrachtet werden.

# III. — DIE GEMEINSCHAFTLICHEN PFLICHTEN

Das Leben in der Gemeinschaft schließt außer den, einem jeden Stand (Klasse, Amt, Alter, Geschlecht) inhärenten Verpflichtungen auch solche ein, die alle zwingen, insbesondere aber die Vorsteher, da die Verfehlung eines Oberhaupts die ganze Gruppe, deren Vertreter er ist, betrifft. Das wird in jener awestischen Hymne an Mithra wiederholt und in zahlreichen Berichten veranschaulicht. Einer auf S. 21 hervorgehobenen Tendenz zufolge, wurden die abstrakten, von allen zu ‚achtenden' Prinzipien vor allem in der arischen Welt zu Wesenheiten, dann zu Göttern, die man ‚ehren' muß: dadurch erhielt die indoeuropäische Wurzel **yag-* ‚nicht verletzen', ‚achten' (griech. *hapsesthai*) im Indoiranischen die Bedeutung von ‚in Ehren halten', ‚einen Kult erweisen' (36).

## 1. Die Religion der Wahrheit

*A)* Die *Wahrheit* ist der höchste Wert in der indoeuropäischen Welt; die Achtung vor der Wahrheit ist die allererste gemeinsame Pflicht. Sie ist mehr als ein moralischer Begriff: Wir konnten die ästhetische Rolle der Wahrheit sowie ihre kosmische Funktion, zwei Widerspiegelungen ihrer magischen Kraft, beobachten. „Bald auf den Eid ausgerichtet (‚so wahr...'), bald auf das Ordal (‚wenn es wahr ist...'), bald auf den prälogischen Beweis (‚da es wahr ist...'), bald auf die Tat (‚da ich eine bestimmte Wahrheit besitze...') erschien die Wahrheit den Menschen sehr früh als eine der wirksamsten Redewaffen, als ein der fruchtbarsten Keime der Macht, als eine der stärksten Grundlagen für ihre Einrichtungen" (37).

Das alles hängt untrennbar zusammen, ohne daß wir erkennen können, was an erster Stelle rangiert: die Ausübung des ‚Wahrheitsakts' (indisches Verb *satyakriyā-*) —

eine wahre Assertion (Behauptung), die die Erfüllung eines Wunsches sichert — ist magisch; aber die wahre Behauptung bezieht sich meistens auf die Erfüllung einer zum jeweiligen Stand gehörenden Pflicht (im Falle eines Kriegers auf seine heroischen Taten): sie hat somit eine politische Grundlage. In der keltischen wie in der arischen Welt ist die Aufrichtigkeit, die Glaubwürdigkeit des Königs die unerläßliche Bedingung zu einer erfolgreichen Regierungszeit: „Rühmt er die Wahrheit, so wird sie ihn berühmt machen ..." (38); solche Formulierungen sind in den *Gesetzen des Manu* zu finden: „Wenn gebrochen, bricht das Gesetz manch einen ..." (39). Ein totaler Erfolg, da er sich auf die drei Funktionen erstreckt: „Durch die Aufrichtigkeit des Fürsten wird die Massensterblichkeit von den Menschen ferngehalten, werden die Großangriffe ins Feindesland zurückgeworfen ... behält jedes Recht die Oberhand". Zahlreiche Parallelen zu diesen Behauptungen sind in der arischen Welt zu finden, vor allem im Iran, wo das Ewig-Heilige *Arta* (‚Wahrheit'), ‚das Allerbeste', als Prinzip die Welt des Guten (genannt *artāvan-* ‚die Wahrheit beinhaltend') kennzeichnet im Gegensatz zur Welt des Bösen, genannt *drug-vat-* ‚die Lüge beinhaltend'. Im *Veda* wird der *rtá-* (‚Wahrheit') schon deshalb selten personifiziert, weil er einer nahen Wesenheit innewohnt, die zu einem Hauptgott, zum ersten der *Aditya* wurde: *Varuna*, ‚Wort der Wahrheit', ‚Eid'.

*B)* E. Beneviste definierte den *Eid* (40) als „einen mündlichen Ritus, der häufig durch einen Handritus ergänzt wird", etwa den Gegenstand ‚fest drücken' ind. *am-* ‚fest drücken'), auf den er abgelegt wird: „Als besondere Modalität der Assertion, die stützt, bürgt, beweist", ist der Eid nichts anderes als eine feierliche Form wahrhafter Rede.

An der Grenze stimmt er mit ihr völlig überein: im Ossetischen ist die Bezeichnung des Eids die frühere iranische Benennenung der Wahrheit, *ard* < **arta-*; es kommt sogar vor, daß er an ihre Stelle tritt: als Agamemnon Achilles die ihm entführte Gefangene zurückgeben muß, verlangt ihm die Ehre des Achilles einen Eid ab, daß er sie nicht berührt habe; dieser falsche Eid, der niemanden beirrt, bürgt nicht für die Wahrheit eine Beteuerung: *er ersetzt sie.* Aber Agamemnon wird schwer dafür büßen müssen; und obwohl der Bericht es nicht erwähnt, konnte man nicht umhin, seinen Meineid mit dem grausamen Schicksal in Verbindung zu setzen, das ihm bei seiner Rückkehr beschieden wurde. Durch die schreckliche Leichtigkeit, die er bietet, stellt der falsche Eid eine tödliche Gefahr für die auf Aufrichtigkeit gründende Gesellschaftsordnung dar: daher ist die Bestrafung des Meineids so fürchterlich: „*Horkos* (Schwur), die schlimmste Geißel für jeden Erdbewohner, der seinen Eid bewußt gebrochen haben wird", erinnert Hesiod (*Theogonie,* 231f). Das Motiv des Helden, den die Ereignisse zum Meineid zwingen, kommt häufig vor: Bei den Germanen stirbt Brynhild, weil „sie wider Willen und besseres Wissen ihre Ehre wegen jenes Eids verlor, den sie ablegte und den weder sie noch Sigurdr halten konnten" (41). Und den Gesängen II und III des armenischen Volksepos liegt der Widerspruch zwischen einem von *Mher* (< *Mithra*) geschlossenen Pakt und einem Eid, den seine Frau ablegte, zugrunde.

*C)* Mag das juristische Verfahren des *Vertrags* weniger beeindruckend als das magische des Eids sein, die vertragliche Bindung ist dennoch ebenso achtbar; der Vertrag ist eine Bindung, die zu lösen man sich hüten muß: „Den Vertrag sollst Du nicht zunichte machen, o Spitama, weder den Du mit den Gottlosen, noch den Du mit den Frommen Deines Glaubens getroffen hast. Denn beide haben Anspruch auf Treue." (Yt. 10.2).

Wer „Mithra trifft" (‚wer seinen Vertrag bricht'), hat keine Möglichkeit, sich „Mithras Armen" zu entziehen, die ihn, wo immer er sich auch versteckt, ebenso sicher fassen wie die Fessel des Schwurs. Der Vertrag ist der wesentliche Akt des ‚öffentlichen Rechts': die Beziehungen zwischen Privatleuten (Mitglieder einer Familie, einer Sippe, eines Stamms) werden durch ihre Stellung selbst bestimmt, und die Einhaltung der sich daraus ergebenden Verträge überwacht der Vorsteher der jeweiligen Einheit. Aber die Beziehungen zwischen den einzelnen Einheiten gründen nur auf dem ‚Vertrag', ob es sich um Vereinbarungen, Abkommen oder Bündnisse handelt, da der König nur einen begrenzten Einfluß auf sie hat. Jene vedische Hymne an Mitra, *RV* 3. 59. 1, bekräftigt dies gleich zu Beginn: „Der sich Mitra (Freund) nennt, eint die Menschen". Später betrifft der Vertrag auch die Einzelpersonen (*Yast*, 10. 116), aber ihre ausgeprägteste Form ist diejenige, die zwei Nationen *(dahyu-)* verpflichtet. Der Vertrag liegt dem Völker recht zugrunde; die einzige Alternative ist der Krieg, denn „die Alten sehen im Kriegszustand den normalen Zustand, den ein Friedensabschluß beendet" (42). Es ist von daher verständlich, daß Vertrag und Schwur bei den Ariern die beiden (zusammengehörenden, S. 79) Stützpfeiler der sozialen und kosmischen Ordnung bildeten und daß ihr Name zur Bezeichnung des souveränen Götterpaares aus der Zeit der indoeuropäischen Gemeinschaft diente. Im *Awesta* gilt Mithra als „Familienoberhaupt aller Familien, als Sippenvorsteher aller Sippen usw."; diese Auffassung lebte im armenischen Volksepos fort, wo sich zwei Gesänge auf Vertrags- und Eidbrüche beziehen und wo die Zentralfigur *Mher* (< *mithra*) heißt. Wir konnten feststellen, welche Bedeutung die ‚Glaubwürdigkeit des Fürsten' erlangt. Bei den Germanen „hängen sämtliche erhaltenen Formeln eng mit rituellen Gesten zusammen, die die Bedeutung von ‚Vertragsabschluß, Waffenruhe' usw. haben" (43). Die Römer betrachten sich, im Gegensatz zu den Karthagern, als das Volk des ‚guten Glaubens' und halten die *fides Romana* für die Grundstütze des internationalen Lebens.

## 2. *Das nationale Band*

Es ist kein Anachronismus, von einem nationalen Band bei den Indoeuropäern zu sprechen; zwar erscheint dieses Band selbst in der geschichtlichen Zeit häufig recht lose auf politischer Ebene: Isokrates gegen den persischen König, Vercingetorix gegen Caesar — beideversuchten vergeblich, es fester zu schließen. Bei allen Spannungen und Rivalitäten hatten Griechen und Gallier dennoch das Gefühl, einer Nation anzugehören, die durch die Sprache von den ‚Barbaren' getrennt und durch gemeinsame Kulte vereinigt war. In der indoeuropäischen Zeit konnte es nicht anders sein. Bei den Ariern wurde diese als *arí-* bezeichnete Nationalgemeinschaft durch eine Wesenheit symbolisiert und verkörpert, die im Vedischen *Aryamán-* (44) heißt: *Aryamán* lenkt sämtliche Beziehungen, die den Rahmen der Familie sprengen, wie die Gastfreundschaft oder die Heirat, und das, was wir als Gemeinwohl bezeichnen können; er ist auch der Gott der Wege. Dies alles geht über den Familienrahmen hinaus, bleibt aber insgesamt innerhalb des nationalen Rahmens. Dem König obliegt es am meisten, das von Aryaman symbolisierte Band zu ehren und zu verkörpern: der König ist der ‚Vater des Volkes'; von Geburt gehört er zum authentischsten Kern der Gemeinschaft; er ist ‚der Mann aus vornehmem Geschlecht' (germanisch **kuningaz*): Als Darius seine Ahnenreihe aufzählt, ‚Sohn von Vištâspa, Enkel des Aršâma', fügt er als Selbstkennzeichnung *arya aryačissa* ‚Arier von arischer Abstammung' (45) hinzu. Durch seine Führung und seine Geburt darf der König keine andere Verbindung haben; man sieht sich vor den Lokis und den Syrdons vor; O'Brien äußerte sogar die Überzeugung, daß im indoeuropäischen eschatologischen Mythos alles mit einer Figur anfängt, „deren Vater von fremder oder niedriger Herkunft ist" und die ein schlechter König und Ausländerfreund wird (46). Dagegen beteuert der vedische Gott Indra seine Treue gegenüber den Ariern: „Ich, der den arischen Namen dem *Dasyu* (des Fremden) nicht preisgab" (*RV*, 10. 49.3).

### 3. *Die Verteilung*

Ein geringerer Āditja, *Bhaga*, verkörpert diesen Begriff im *Veda*, aber seine Bedeutung wird durch den Umstand offenbar, daß im Iranischen und Slawischen der Name zur Gattungsbezeichnung der Gottheit wurde; wir stellen außerdem fest, daß ihm eine verwandte Gottheit, *Amśa*, in der Gruppe der vedischen Āditya zugeteilt wurde.

*A) Das individuelle Los.* — Der Begriff wird im Awestischen durch das Abstraktum *arti-* ausgedrückt, das der Göttin *Arti Vahi* ‚gute Zuteilung' den Namen gab; im Altnordischen durch *gaefa-* (‚Schicksal'), dessen ursürüngliche Bedeutung aber ‚Gabe' lautet; in Griechenland wie im vedischen Indien durch die zwei Wesenheiten *Aisa* und *Poros*, die der Dichter Aleman „für die ältesten Götter hält"; L. R. Palmer (47) hat gezeigt, daß diese Begriffe auf eine Auffassung zurückgehen, der zufolge „jede Komponente des Universums, Götter, Menschen und natürliche Gegenstände, den ihr zugewisenen Anteil hat und sie seine Grenzen ohne schwere Folgen nicht überschreiten kann". In Indien der Antike war es die ‚Einhaltung der Kasteneinteilung'; man geht überall davon aus, daß man sein ‚Los annehmen' soll, sich nicht gegen die Ungerechtigkeit dieser blinden Gottheit auflehnen darf. Sein Los anzunehmen, heißt dennoch nicht darauf verzichten, auf der gesellschaftlichen Leiter hochzusteigen; es ist sogar eine moralische Verpflichtung für denjenigen, der die Mittel dazu in sich entdeckt; das gehört aber auch zu dem ‚Anteil', den jeder bei seiner Geburt empfängt. Wer nicht die Fähigkeit erhielt, über seinen Stand hinauszuwachsen, der soll bemüht sein, sich dort auszuzeichnen. So lautet auch Hesiods Lehre: „In deinem Stand", sagt er zum Ackermann, „mußt du dich mit Arbeit bescheiden und die Gewalt unterlassen (die wiederum dem Krieger geziemt)." Die Arier vergotteten diese Gesinnung unter dem Namen *Aramati*, ‚angemessenes Denken' (daher ‚Demut'). Und der Germane hat als erste Pflicht, seiner *gaefa* gerecht zu werden. Der Begriff des ‚Schicksals' löst unterschiedliche Wirkungen von Volk zu Volk aus: er führt häufig zur Tatenlosigkeit; bei den Indoeuropäern mündet er dagegen in die Tat, die Anstrengung, die Selbstüberwindung. Das liegt daran, daß das Schicksal niemals unter der modernen Form des Determinismus afgefaßt wird; man kann manchmal sogar ‚zwischen zwei Schicksalen entscheiden', wie Achilles, der das kurze, ruhmreiche Leben einem langen, düsteren vorzog. Durch die Omina und die Mittel der Vergottung hat der Mensch die Möglichkeit alles vorauszusehen, was nicht von ihm abhängt, und es hinzunehmen, anstatt es zu erdulden.

*B) Die zuteilende Gerechtigkeit.* — Die griechische Bezeichnung *dike*, die eine bedeutende Rolle in der institutionellen Sprache spielt, hat zwei Bedeutungsinhalte: der eine grenzt an die vorigen Begriffe (‚Los', ‚Stand'), der andere, bekanntere bedeutet ‚Gerechtigkeit'. Die ‚Gerechtigkeit' ist die gerechte Zuteilung, die des *ithydikes*- Vorstehers, der gerechte Urteile fällt, den Verdiensten entsprechend belohnt, unparteiisch zuteilt. Durch seinen ersten Teil stößt dieses Kompositum an die indoiranische Bezeichnung der Gerechtigkeit als ‚dem geraden Weg', im Gegensatz zum ‚schlängelnden Weg' der Ungerechtigkeit. Bei der Verteilung der Belohnung sowie allen Formen der Zuweisung (die Urteile inbegriffen) muß der Vorsteher den ‚geraden Weg' gehen, insbesondere aber der König, dessen Bezeichnung **reg*- (S. 75 A) darauf verweist, daß er die Geradheit, die Redlichkeit verkörpert. Überall ist die Ungerechtigkeit des Anführers die Quelle von Unglücksfällen: eine irische Sage berichtet, daß der Teil des Palastes, in dem ein ungerechtes Urteil gefällt wurde, zusammenstürzte (S. 119); von Achilles' Zorn, dem

Hauptthema der *Ilias* bis zur Vase von Soissons ist die Aufteilung der Beute eine ernste Angelegenheit, die die Redlichkeit des Prinzen auf die Probe stellt.

*C) Der Großmut.* — Mit diesem Wort behalten wir die Spur einer früheren Vorstellung, die des ‚Großmuts' als Eigenschaft des Adligen (lat. *generōsus* bedeutet ‚aus vornehmem Geschlecht'). Die vedischen Dichter rühmen die ‚freigebigen' Spender und verunglimpfen die Geizigen. Bei den Kelten ist ein geiziger König des Regierens unwürdig. *Beowulf* nennt den guten König einen ‚Ringspender', und schon in den ersten Zeilen dieses altenglischen Gedichts werden wir daran erinnert, daß der junge Fürst großmütig sein muß, wenn er sich die Dankbarkeit seiner Gefährten und ihre Treue im Kriegsfall sichern will. In den republikanischen Regierungsformen der Antike bekräftigen jene Wahlgeschenke, die die Kandidaten aus eigenen Mitteln finanzierten, ebenfalls die Auffassung, daß nur derjenige, der zu geben vermag, zu regieren verdient: eine Widerspiegelung jener den Ethnologen wohl bekannten *potlatch*-Praktiken.

### 4. *Die kosmische Verantwortung des Anführers*

Dies sind also die wichtigsten gemeinschaftlichen Pflichten. Wir stellen fest, daß sie mit den Hauptthemen der Satire, so wie D. Ward (48) sie aufdeckte, übereinstimmen: „Die geizige Haltung, der Meineid, der Vertrags-und Eidbruch, die Verweigerung der Gastfreundschaft"; mit vedischen Worten sind es Versündigungen an Mitra-Vertrag, Varuna-Eid, Aryaman-Gastfreundschaft und Bhaga-Verteilung. Das Oberhaupt, das sich dessen schuldig wird, muß auch dafür büßen: das erfuhr beispielsweise Agamemnon; als Verkörperung der Gruppe reißt er diese außerdem in seinen Sturz mit. Das kommt in der awestischen Hymne an Mithra sowie bei den Hethitern zum Ausdruck. „Stets infolge seiner Vergehen oder einer

Sünde verläßt Gott den Menschen; und wenn es sich um ein Mitglied der königlichen Familie handelt, das *ex officio* für das Wohl des Landes verantwortlich ist, kann der Gott durchaus seinen Zorn, seine Mißbilligung dadurch äußern, daß er Seuchen, Hungersnöte hervorruft, ja manchmal sogar das Land ganz verläßt" (49).

Umgekehrt ist ein guter, pflichttreuer König mit einer heilbringenden Macht, einer Wirkungskraft versehen, die das vedische Indien unter dem Namen *Dakṣa-* vergottete; ein unterer Āditya, der aber gelegentlich (*RV*, 10. 72. 4—5) als der oberste auftritt: Dakṣa stellt die sich aufopfernde Wirksamkeit dar, die einst die Welt schuf, sowie die des guten Königs, der seinem Volk den *pax deorum* sichert.

## *Anmerkungen*

1 E. Benveniste, *Le vocabulaire des institutions indo-européennes*, 1, S. 2. 293f.

2 G. Dumézil, *La religion romaine archaïque*[2], S. 176 sowie Anm. 1.

3 *Edda*, übertragen von Felix Genzmer.

4 *Revue de l'Histoire des Religions*, 154, 1958, S. 1—9.

5 L. R. Palmer, *Achaeans and Indo-Europeans*, 1955.

6 G. Dumézil, *L'idéologie tripartie des Indo-Européens*, S. 18.

7 *JIES*, 1, 1973, S. 155—162.

8 *L'information grammaticale*, 8. Januar 1981, S. 7.

9 E. Benveniste hat in *Les Mages dans l'Ancien Iran*, S. 13 eine Übersicht angelegt.

10 Schindler, *Bulletin de la Société de Linguistique de Paris* (BSL), 67, 1972, S. 32.

11 M. Détienne, *Revue de l'Histoire des Religions*, 178, 1970, S. 23.

12 J.-P. Vernant, *Mythe et pensée chez les Grecs*, S. 305f.

13 G. Dumézil, *Mythes et dieux des Germains*, 1939, Kapitel V.

14 *Rigveda*, 10. 90. 12, übers. von K.-F. Geldner.

15 Platon, *Der Staat*, 465d.
16 Adalbéron, *Carmen ad Rotbertum regem.*
17 E. Benveniste, *Le vocabulaire des institutions indo-européennes*, 2, S. 27.
18 G. Dumézil, *Heur et malheur du guerrier*, S. 43.
19 D. Dubuisson, *JIES*, 6, 1978, S. 231—242.
20 *Der Seherin Gesicht* in *Edda*, neu gefaßt in zehn Gesängen von Hans Voß, S. 33.
21 *Vd.*, 4. 47.
22 Hesiod, *Werke und Tage*, V. 313.
23 *Rigveda*, aaO, 9. 112. 1.
24 J.-P. Vernant, *Mythe et pensée chez les Grecs*, S. 307.
25 Athenäus, zitiert bei Fustel de Coulanges, *La cité antique*, S. 402.
26 Zitiert von E. Benveniste, *Revue de l'Histoire des Religions*, 129, 1945, S. 16.
27 M. Scheller, *Vedisch* priya- *und die Wortsippe* frei, freien, Freund, *Erg. zu KZ (Zeitschrift für vergleichende Sprachforschung auf dem Gebiet der indogermanischen Sprachen)* Nr. 16, 1959.
28 E. Benveniste, *Le vocabulaire des institutions indo-européennes*, 1, S. 321f.
29 E. Laroche, *Hommages à G. Dumézil*, 1060, 124—128.
30 E. Campanile, *JIES*, 7, 1979, S. 225—247.
31 *Annales, Economies, Sociétés, Civilisations*, Januar-Februar 1978, Nr. 1, S. 23.
32 E. Benveniste, *Le vocabulaire des institutions indo-européennes*, 2, S. 14 u. 15.
33 Zitiert in E. Benveniste, *ebd*, S. 26.
34 G. Dumézil, *Servius et la Fortune*, 1943.
35 G. Dumézil, *L'idéologie tripartie des Indo-Européens*, S. 32—33.
36 J. Haudry, *L'indo-européen*, S. 119.
37 G. Dumézil, *Servius et la Fortune*, S. 244.
38 M. Dillon, *Modern Philology*, 44, 1947, S. 137f.
39 *Annuaire de l'EPHE*, 4. Abteilung, 1977-78, S. 992.
40 *Revue de l'Histoire des Religions*, 134, 1947-48, S. 81f.

[41] R. Boyer, *Les religions de l'Europe du Nord*, S. 25.

[42] E. Benveniste, *Le vocabulaire des institutions indo-européennes*, 1, S. 368.

[43] R. Boyer, *Les religions de l'Europe du Nord*, S. 44.

[44] Über diesen Gott vgl. G. Dumézil, *Le troisième souverain*, 1949.

[45] E. Benveniste, *Le vocabulaire des institutions indo-européennes*, S. 369.

[46] *JIES*, 4, 1976, S. 295—320.

[47] L. R. Palmer, *Hommages à M. Niedermann*, 1956, S. 258—269.

[48] *JIES*, 1, 1973, S. 142.

[49] J. Vieyra, *Les religions du Proche-Orient*, S. 158.

Drittes Kapitel

# DIE RELIGION

# I. — *HAUPTMERKMALE DER INDO-EUROPÄISCHEN RELIGION*

*A)* Sie ist eine *polytheistische* Religion und umfaßt eine Vielzahl von Kulten, die jeder Gruppe und außerdem jedem Ort eigentümlich sind; sie ist *heidnisch*, das heißt bäuerlich, und spiegelt die Mannigfaltigkeit des Volkes wider.

*B)* Diese vielgestaltige Religion ist von Natur aus *tolerant;* weit davon entfernt, sich dem Proselytismus hinzugeben, pflegt jede Gruppe eifrig ihre Götter, ihre Riten und ihre Formeln. In diesem Sinn kann sie als *esoterisch* und *initiatorisch* (eine Initiation voraussetzend) bezeichnet werden. Sie hat Mythen und Symbole, sie kennt aber keine Dogmen.

*C)* Sie ist eine Religion der *Werke*, nicht des Glaubens; mehr erlebt als gedacht. Die Erfühlung der traditionellen Riten sowie der seinem Stand inhärenten Pflichten stehen im Mittelpunkt; für Gefühle hat sie keinen Platz.

*D)* Diese Religion ist *politisch* durch ihren Rahmen, der auch der Rahmen der einzelnen ethnischen Einheiten ist, und, wie später ersichtlich, durch den größten Teil ihres Pantheons; sie ist eine Religion von Führern, und nicht von Priestern; Fatalismus ist ihr fremd. Der Dichter mag ein Erleuchteter sein, den bisweilen eine göttliche Wut faßt, der Offiziant bleibt seinerseits ein würdevoller, feierlicher Funktionsträger. Der ‚Aberglaube' wird getadelt, die (wenn auch praktizierte) individuelle Magie verachtet, die Hexenkunst hart bestraft.

*E) Merkmale und Bezeichnungen der indoeuropäischen Götter.* — Die Götter werden als persönliche Wesen aufgefaßt, deren Wesensart wir allerdings nicht näher bestimmen können: je nach Völkern und Epochen kommt diese

Wesensart der menschlichen mehr oder minder nahe. Ihre Bezeichnungen sind diesbezüglich aufschlußreich; sie bilden vier Gruppen:

a) Gattungsnamen von Erscheinungen (Feuer, Morgenröte), von Himmelskörpern (Sonne, Mond) oder Abstrakta, insbesondere die Bezeichnung von gesellschaftlichen Handlungen (Vertrag, Eid);

b) Abgeleitete oder zusammengesetzte Gattungsnamen mit possessivem Wert, die den ‚Herrn' des jeweiligen Phänomens, Wesens oder sozialen Faktums (lat. *Silvā-nus* ‚Herr des Waldes', ved. *Bŕhaspáti* — ‚Herr des *bŕh-* (‚Macht') bezeichnen;

c) Personennamen, die unmotivisch (ved. *Índra-*) oder motivisch, meistens Handlungsträger (awestisch *Vereθrayna-* ‚den Widerstand überwindend') sind;

d) Syntagmen, die ein Verwandschaftsverhältnis ausdrücken (‚Sonnentochter').

Die drei letzten Gruppen beziehen sich *ausdrücklich* auf persönliche Wesen, die erste *implizit*. Auch wenn ihre ursprüngliche Wesensart nach wie vor präsent ist (die Dichter spielen nämlich ständig mit der Doppelwertigkeit), sind *Mitra*-Vertrag und *Agni*-Feuer ebenso persönlich wie *Indra* im *Veda*. Demnach handelt es sich nicht um eine Nicht-Unterscheidung oder um ein mittleres Wesen (‚Kraft') zwischen der Sache oder der Handlung und dem Gott. Dem Substantiv **dyew-* (‚Tageshimmel') wird von Anfang an der Titel **pHtér-* ‚Vater' beigefügt. Man restituiert kaum göttliche Namen im Indoeuropäischen; alle bezeichnen frühere Weltgötter.

*F) Die beiden Pole des Heiligen.* — E. Benveniste (1) hob die Dualität des Begriffs ‚heilig' bei den Indoeuropäern hervor, so wie sie aus dem Wortschatz ersichtlich ist: ‚positiv heilig' (awestisch *spenta-*, germ. **xailaz*, lat. *sanctus*, griech. *hieros*) ist, was ‚mit göttlicher Kraft versehen' ist; ‚negativ heilig' ist, was ‚dem menschlichen Kontakt versagt' ist (awestisch *yaoždāta-*, germ. *wīxaz*, lat. *sacer*, griech. *hagios*). Dieser

Dualität entspricht die duale Bezeichnung des Kultes: durch Verben, die einerseits ‚erhöhen', ‚bestärken' bedeuten oder eine der Kulthandlungen benennen, andererseits die Bedeutung von ‚achten', ‚lehren', ‚nicht verletzen' (*yag-, *ayzd-) haben. Daher auch die Dualität in der religiösen Haltung: Angst, einen Gott, selbst unabsichtlich, zu verletzen, und dennoch Vertrauen in die Götter, ja sogar Vertrautheit mit ihnen. Das vedische Indien befürchtet die Bindungen von Varuna-Eid, behandelt aber Indra als ‚Freund' *(yuj-)*. Die indoeuropäische Religion enthält strenge Verbote, sie ist aber eine Religion freier Menschen (2).

# II. — DIE GÖTTER DES UNIVERSUMS

Himmel, Erde, bedeutende Himmelskörper und atmosphärische Erscheinungen wurden vergottet, aber es wird ständig danach gestrebt, das Natürliche mit dem Politischen durch den kosmischen Symbolismus zu verbinden.

## 1. Himmel und Erde

*A)* Die indoeuropäischen Götter nennen sich **deywos* ‚die des Tageshimmels'; diese Bezeichnung geht auf eine Zeit zurück, da der Tageshimmel **dyéw-pHtér-* der erste aller Götter war. Dieses Primat büßte er dort ein, wo er Himmel blieb (etwa der vedische *Dyaúh*), während sein Name zur Bezeichnung des obersten Gottes bei den Griechen (Zeus) und den Römern (*Jūpiter*) diente. Den **deywos* des Tageshimmels stehen Dämonen gegenüber, die sich im Nachthimmel bzw. in der Hölle aufhalten. Diese ursprünglich mit der Kosmogonie der sich drehenden Himmel verknüpfte Theologie wirkt in den einzelnen Dualismen (wie dem iranischen Mazdaismus) fort, die Götter und Dämonen entgegensetzen. Die Mutter Erde ist im Endstand dieser Theologie die Gemahlin des Himmels, aber zu einem früheren Zeitpunkt war sie bereits die Gemahlin eines *schwarzen* Nachthimmels, den der *weiße* Tageshimmel nach der kurzen Herrschaft eines *roten* Morgen — oder Abendhimmels ablöste.

*B)* Der *Veda* und die baltische Folklore behalten die Erinnerung an eine dämonische Aurora, der die Sonne entrissen werden mußte. Aber in einer späteren Phase der Mythologie steht die Morgenröte ‚Tochter des Tageshimmels' (3), auf der Seiten des letzteren im täglichen Kampf gegen die Finsternis. Darin erkannte G. Dumézil (4) die Bedeutung jenes seltsamen römischen *Māter Mātūta-*

Rituals, bei dem die Matronen ihre Neffen verhätscheln und eine Magd verjagen: Bilder der *guten* Morgenröte, die die ersten Schritte des **Suēl* ‚Sonne' (Sohn der Nacht, ihrer Schwester) lenkt, während sie die dämonische Finsternis zurückdrängt. Wir werden noch feststellen, daß es sich hierbei nicht um die Tagesaurora handelt, sondern um eine ‚Aurora des Jahres'. Die tägliche Morgenröte gründet nur einen Teil der Mythologie der einzelnen Aurora-Göttinnen, vor allem wenn diese einen anderen Namen führen, etwa die griechische Aphrodite und die ihr entsprechende Heldin Helena.

*C)* Zwei Gruppen von übereinstimmenden Zeugnissen weisen nach, daß die Sonne, zusammen mit dem Tageshimmel, der führende Gott in der ältesten Religion der Indoeuropäer war. Die überlieferte Formelsammlung enthält nicht weniger als fünf Ausdrücke, die sich auf sie oder auf ihre Beiwörter (5) beziehen; außer ihrer geläufigen Bezeichnung **súHel-* stellt man eine poetische Dublette aufgrund von skytisch *ravi-*: armenisch *arev* wieder her. Die Ikonographie der Fundorte, die ohne Einschränkung indoeuropäischen Völkern zugeschrieben werden können, enthält ferner zahlreiche Sonnenembleme. Der Sonnenkult wurde in der volkstümlichen Religion, später in der Folklore mehr gepflegt als in der ‚politischen Religion', in die er sich zwar einfügte, allerdings um eine bescheidene Rolle zu spielen. Die Sonne beteiligt sich an der dritten Funktion durch ihre *heilbringende* Eigenschaft (dies ist die Bedeutung von *svastika-*, der indischen Bezeichnung des Sonnenemblems); als ‚Späher der ganzen Welt', als ‚Auge' wird sie ferner gewissermaßen zum Polizeichef der souveränen Götter.

*D) Die Elemente:*

*a) Das Feuer.* — Als irdische Form eines Elements, das im Himmel die Sonne, im mittleren Raum der Blitz ist, gehört das Feuer zu den ältesten Göttern der Indoeuropäer. In der geschichtlichen Zeit wahrt es seine Einheit nur bei den Ariern: der vedische *Agni* ist zugleich ein Element und ein dreifunktionaler Gott, ein Priester-Gott in erster Linie, aber auch ein kriegerischer und ein ‚junger' Gott, Besitzer und Spender der Lebenskraft. Sonst verteilen sich diese einzelnen Aufgaben auf die verschiedenen Feuergötter oder ‚Herren des Feuers', deren Namen von der Bezeichnung des Elements abweichen.

*b) Das Wasser.* — Feuer und Wasser gehen in jener seltsamen Erscheinung des Feuers als ‚Enkel der Wasser' (6) eine Bindung ein. Das Wasser oder die Wasser, die sich ebenfalls auf drei Welten verteilen, wurden häufig unter der Form einer Hauptgöttin, himmlischer Quelle der irdischen Wasser, vergottet, die in der politischen Religion zu einer dreifunktionalen Wesenheit, wie derawestischen *Ardvi Sūra Anāhita* ‚die Feuchte, die Heldenmütige, die Reine' (S. 31), oder zu einer Gottheit der dritten Funktion wird.

*c) Die Luft.* — Die Winde sind im geschichtlichen Zeitalter geringere Geister. Aber die fühere Bedeutung dieses Elements klingt noch in dem Namen des kriegerischen arischen Hauptgotts *Vāyu* ‚der Wind' nach: diese kriegerische Rolle fällt ihm deshalb zu, weil die mittlere Welt, in der er weht, Austragungsort des Kampfes zwischen den Göttern des Tageshimmels und der Dämonen des Nachthimmels ist.

*E)* Wir sahen, wie sich diese früheren Götter in die politische Religion integrierten; dagegen behaupteten sie sich in der volkstümlichen Religion. Wir dürfen deshalb solche Zeugnisse, wie das Cäsars über die Germanen (die seines Erachtens als Götter nur diejenigen betrachten, die sie sehen: die Sonne... Vulcan (das Feuer) und den Mond (*Gallischer Krieg*, 6. 21).

*F)* Diese früheren Götter sind die einzigen, deren Namen im Indoeuropäischen mit einiger Wahrscheinlichkeit wiederherstellbar ist: außer dem Namen des Vater-Himmels, der Morgenröte, der Sonne und des Feuers (Bezeichnungen des Typs a) oben S. ) rekonstruiert man den Namen eines ‚Herrn des Feuers' **wlkā-no-*, eines ‚Herrn des Wassers' oder ‚Enkel der Wasser' **neptoū-no-;* eines ‚Schlägers', Gott des Donners, aus **per-k/g-* ‚schlagen' abgeleitet und mit der Eiche (S. 49) verbunden; schließlich eines ‚Herrn des Aufblasens', *$pHus\text{-}H_1en$-* (altindoarisch *Pūsán-*: griech. *Pan*).

*G) Die Götter des Einzelnen.* — Diese alten Gottheiten stehen dem Menschen am nächsten und dem Vereinsamten am meisten bei. Für die alleinstehende Waise, sagt ein lettisches Lied, ist „Sonne eine Mutter, die ihre Mitgift zusammenscharrt, Mond ein Vater, der ihr ihren Anteil zuweist, der Stern eine Schwester, die ihren Kranz flicht, die Plejaden ein Bruder, der sie durch das Land begleitet".

## *III. — KULTE UND GÖTTER DER VIER KREISE*

*1.* Die politische Religion ist nicht auf den Einzelnen ausgerichtet, sondern auf die Gruppe; die auf Seite 63f. beschriebenen vier Kreise bilden ihren Rahmen. Einer übertriebenen Vereinfachung zufolge ist von privaten und öffentlichen Kulten die Rede: die vierteilige Gemeinschaftsstruktur weist einen Familienkult, einen Kult der Sippe (**woyk-*), einen Kult des Stammes (**genH-*) und einen Nationalkult auf. Die neuen Gruppierungsformen entwickelten sich auf Grund dieses früheren Modells.

*A)* Der *Priester* eines jeden dieser Kulte ist das Oberhaupt des jeweiligen Kreises; für die höhere Einheit ist es der König. Das Familienoberhaupt vollzieht die täglichen Hausriten ohne andere Unterstützung als die seiner Frau; für die feierlichen Kulthandlungen ist die Hernanziehung von Fachleuten allerdings dann notwendig, wenn der Ritus einen hohen Grad an Komplexität erreicht. Dieser Fachmann ist ursprünglich nur ein Beistand; der echte Priester ist der Vorsteher, derjenige nämlich, der ‚für sich selbst' opfert, daß heißt für die von ihm vertretene Gruppe, und nicht der Offiziant, der der brahmanischen Terminologie gemäß ‚für andere' opfert. Aber fast überall neigten die fachkundigen Offizianten dazu, das Monopol auf das Heilige außerhalb der Hauskulte an sich zu reißen.

*B)* Die ‚Gläubigen' sind die Mitglieder der Gruppe, ob sie es von Geburt sind oder durch Initiation, wie die Frau des Vorstehers: als sie ihre ursprüngliche Gruppe verließ, um der ihres Mannes beizutreten, wechselte sie gleichzeitig den Hauskult. Die Nicht-Angehörigen können an dem Kult nicht teilhaben: die Gruppe behält sich das Sonderrecht vor, ihre Götter zu schützen.

*C)* Die *Kultstätte* ist die Feuerstätte, der Mittelpunkt der Gemeinschaft, deren Flamme den Fortbestand symbolisiert: Herd des Hauses, Herd der Nation, später des Stadtstaats. Eigens für die Nationalkulte errichteten manche indoeuropäische Völker Tempel neben den Altären; andere, etwa die Germanen, sträubten sich noch im geschichtlichen Zeitalter dagegen.

*D)* Die *Riten* weichen erheblich voneinander ab: sie gehen von dem einfachen, von einem Gebet begleiteten Nahrungsopfer bis zu langen und komplexen Zeremonien, wie der vedischen *aśvamedha*, einem Roßopfer, das ein ganzes Jahr währt. Es sind dies aber spätere Entwicklungen. Der frühere Ritus war einfach und einheitlich; er bestand in einem ‚Empfang' der Götter durch das Oberhaupt an seinem Herd. Zuvor sind die Götter namentlich und in gehöriger Form eingeladen worden; man setzt ihnen ein Essen vor, das sie zunächst stärken soll; sollen die Götter ihrem Frommen helfen, so müssen sie die Mittel dazu haben. Und wie bei menschlichen Gastmählern werden Lieder zu ihrem Preise vorgetragen. Bei dieser Behandlung sehen sich die Götter, die die Einladung angenommen haben, dazu verpflichtet, ihren Gastgeber zu belohnen. Der umgekehrte Weg, nämlich das Opfer als Danksagung oder infolge eines Gelübdes, ist seltener. Das Opfer richtet sich nach dem jeweiligen Gott; bei den Kelten und den Germanen ist sogar eine dreifunktionale Verteilung der Opferungstechniken feststellbar.

*E)* Den Willen der Götter zu kennen oder die Mißgunst eines Gottes festzustellen und zu ergründen ist ebenfalls wichtig, vor allem bei bestimmten Gelegenheiten, etwa wenn eine schwere Entscheidung bevorsteht. Daher die Ausübung der *Divination* mit ihren verschiedenen und komplexen Techniken, die auch den Einsatz von Spezialisten erfordern.

## 2. *Die Götter der Geschlechter*

*A) Der Ahnenkult.* — Die verehrten Götter sind zunächst die der Stammlinie, die Ahnen der Gruppe und insbesondere der Gründer, der namengebende Vorfahr. Das Fortleben der Ahnen hängt von dem Kult ab, den ihnen zu erweisen nur ihre Nachkommen aufgrund der Auffasssung der Stammlinie berechtigt sind. Gebührend verehrt, sind es mächtige Götter, die ihre Nachkommen wirksam unterstützen können. Vernachlässigt sterben sie endgültig. Daher die entscheidende Bedeutung der Nachkommenschaft sowie des Nachruhms, den einer hinterläßt: das Andenken eines ruhmreichen Ahnen vermag eher fortzuleben und einen Kult zu erhalten.

*B) Die Beerdigungsriten.* — Die Beerdigungsriten sollen in erster Linie den Toten daran hindern, Schaden zuzufügen, ihn an einem bestimmten Ort ‚festzuhalten', damit die schmachtende Seele nicht mehr in die Welt der Lebenden eingreift. Sie sollen aber auch die Tätigkeit der Toten im Jenseits lenken. G. Dumézil erkannte die Bedeutung der beiden Beerdigungstechniken, die bei den Indoeuropäern im Gebrauch waren. „Bei der Leichenverbrennung sorgt man sich vor allem um den *Toten* selbst, dem ein guter Aufstieg und ein reiches Dasein im Jenseitigen gesichert werden sollen. Mit dem Grabhügel geht es dagegen um das *Land:* Man behält den Toten als Pfand der Ergiebigkeit in der Erde, damit sie reiche Ernten hervorbringt. Es gibt mit anderen Worten eine Klasse privilegierter Toten, die in den Himmel kommen ... die übrigen bleiben mit dem Erdboden verbunden, in diesem geborgen und übertragen ihm die befruchtende Eigenschaft, die sie Zeit ihres Lebens unter Beweis stellten und die der Boden in Nahrung für die Lebenden umwandelt" (7).

*C)* Die einzelnen Kreise verehren unter eigenen Formen und manchmal Namen auch Götter, die dem gesamten

Volk gemeinsam sind, sei es, daß die Gruppe sie der Nation entlehnte oder daß sie sie dort einführte. Durch ihren namengebenden Ahnen *Iulus*, den Sohn Äneas', geht die *gens Julia* auf die Göttin Venus zurück, die von der gesamten römischen Gemeinschaft (der die Familie sie entlehnte) verehrt wurde; aber der Herkules-Kult der *Ara Maxima* gehörte ursprünglich den beiden *gentes* der *Potitii* und der *Pinarii*, die ihn dem römischen Staat verkauften.

# IV. — DIE GÖTTER DER DREI FUNKTIONEN

Die Hauptachse des indoeuropäischen Pantheons ist die Verteilung der Götter auf die drei kosmischen und sozialen Funktionen der Souveränität, des Krieges und der Produktion. ist bei allen indoeuropäischen Völkern anzutreffen, zu deren Traditionen wir Zugang haben. Unterteilungen sind mehr oder weniger reichlich belegt: Dualität der ersten Funktion (magisch:juristisch); Existenz von ‚unteren souveränen Göttern'; Dualität der zweiten Funktion (ritterlich:roh); mehr oder minder (hoch-) entwickelte Organisation der dritten Funktion. Außerdem gibt es dreifunktionale Götter, oben S. 31: es handelt sich häufig um alte Gottheiten, die nebenher in das dreifunktionale Schema integriert wurden.

## 1. *Die drei Funktionen im indoiranischen Pantheon*

*A) Das vedische Indien:*

*a) Die Souveränität.* — *Mitra* und *Varuna* (Vertrag und Eid) bilden ein Paar: als ‚Könige' bezeichnet, sind sie die Anführer der *Aditya-Gruppe,* deren Vertreter jeweils einen Bereich der souveränen Funktion lenkt. *Mitra*-Vertrag fällt die juristische Souveränität (etwa die Gestaltung der Beziehungen zwischen den vier Kreisen) zu, *Varuna*-Eid die magische Souveränität (die Ausübung der *māya* und weiterer rätselhaften Formen der Einwirkung auf den Menschen und die Welt); beide wachen über die Wahrheit und den Lauf der Welt, die selber von der Wahrheit abhängig ist.

*b) Der Krieg.* — *Indra* der ‚Widerstand Überwindende' übt seine kriegerische Macht sowohl in der Menschenwelt, wie beim Einzug der Arier in Indien, aus wie auch im Universum: der ‚Bruch des Widerstands' (neu gedeutet als ‚Mord an dem [Dämonen] *Vrtra*') steht im Mittelpunkt eines kosmogonischen Mythos, der von der Eroberung aller lebenswichtigen Güter, Wasser usw. berichtet. Ihm stehen die *Marut* bei (deren Namen mit dem römischen Gott *Mars*, identisch ist).

*c)* Die *Erzeugung* von Lebewesen und Gütern ist die Zuständigkeit der *Vasu*-Klasse (‚Güter'), deren Bezeichnung im Namen der italischen Göttin *Vesu-na* ‚Hüterin der Güter' wiederzufinden ist; die *Aśvin*, gesundheitsspendende Zwillinge (die Gesundheit ist ein entscheidender Bereich der dritten Funktion), die Hauptgöttin der Wasser *Sarasvatī* usw.

*B)* Diese dreiteilige Anordnung tritt in jenem Abkommen deutlich zutage, das ein indischer König der Mitanni mit dem hethitischen König Suppiluliuma I. schloß: „Die Götter *Mitra* und *Varuna*, der Gott *Indra*, die Götter *Nāsatya* (die *Aśvin*)"; durch diese Aufzählung der Hauptgötter der drei Funktionen sind die drei Gesellschaftsklassen verpflichtet.

*C) Die Iraner.* — Eine religiöse Revolution, deren Datum, Ursachen und Modalitäten uns nicht bekannt sind, verwandelten (die Bedeutung des iranischen **daywa-*) solche Götter in Dämonen wie *Indra*, *Rudra* und die *Nāsatya*, aber sie schont die Götter, die der *Veda ásura-* (dieser Begriff bezeichnet die Dämonen oder Gegengötter bereits in der Ära der *Brāhmanas*) nennt: *Mitra* wird zum *yazata-* (‚Gott') *Mithra* und *Varuna* werden zum ‚weisen Herrn' *Ahura Mazda*, dem obersten Gott des Mazdaismus. Die durch *Indras'* Ausstoßung unbesetzt gewordene Funktion des Krieges wird *Vereθrayna*, Hypostase eines früheren Epithetums *Indras*, anvertraut. Die dritte Funktion entfällt auf einzelne Wesenheiten.

*D) Zarathustras religiöse Reform.* — Eine zweite religiöse Revolution, die im 7. Jahrhundert von Zarathustra eingeleitet wurde, lenkte die mazdaische Religion in Richtung

Monotheismus, und zwar zugunsten des *Ahura Mazda*. Einem alten, bereits beschriebenen Vorgang gemäß werden Abstraktionen zu Wesenheiten, den ‚Heiligen Unsterblichen', die unter dem Einfluß des obersten Gottes stehen. Nun aber wies G. Dumézil nach (8), daß die Gruppenordnung dieser Wesenheiten das dreifunktionale Schema genau widerspiegelt: *Mitra* entspricht Gutes Denken; *Varuna*, Wahrheit; *Indra*, Reich; den *Nāsatya*, das Paar Integrität und Unsterblichkeit; der sie begleitenden Göttin, Richtige-Meinung. Die zoroastrische Reform im religiösen Bereich ist das Pendant zur formalen Erneuerung der Sprachentwicklung: die Formen ändern sich, die Strukturen bleiben aber unverändert.

*E)* Über die *Religion der alten Perser* wissen wir recht wenig. Die ersten Achämeniden erwähnen namentlich nur *A(h)uramazda*, entweder aus zoroastrischer Überzeugung oder aus anderen Gründen. Aber die Ideologie der drei Funktionen, die durch einzelne Formeln wie die ‚der drei Plagen' (S. 31) belegt ist, wirkt fort; sie tritt in der Trias Artaxerxes' II., *A(h)uramazda, Anahita, Miθra* möglicherweise wieder zutage, wenn letzterer bereits der Kriegsgott geworden ist, als den man ihn später kennt.

### *2. Die drei Funktionen im römischen und im umbrischen Pantheon* (9)

Roms älteste Trias vereint *Jupiter, Mārs* und *Quirīnus;* durch mehrere Zeugnisse belegt, erfährt sie in der umbrischen Trias der *Grabovii Jupiter - Mars - Vofionus* ihre Bestätigung. Der römische und der umbrische *Jūpiter* vertritt allein die Souveränität; sonst steht ihm *Fidēs* ‚Guter Glaube' oder *Dius Fidius* als Vertreter des juristischen Aspekts der Funktion bei. *Mārs* ist der Gott des Krieges; sein Name, eine Kontraktion von *Mavort-*, deckt sich genau mit den vedischen *Martú-*. *Quirinus'* Persönlichkeit ist blaß, aber die Etymologie seines Namens *covirī-nus ‚der

Herr der Versammlung' der *$w\bar{\imath}$ro- (,Leute'), weist auf einen Gott der dritten Funktion hin; das gilt auch für seinen umbrischen ,Kollegen' *Vofionus* < **lewdhyo-no-* ,Herr der Bevölkerung'.

### 3. *Die drei Funktionen im germanischen Pantheon*

Die nordische Trias des Altuppsala-Tempels (10) ist ebenfalls funktionsbezogen: *Odhin* (altisländ. Odinn) der ,Herr der Wut' (insbesondere der poetischen Eingebung); **wōda-da-* ist ebenso wie *Varuna* und *Jūpiter* der Vertreter der Souveränität. Außerdem ist er wie sie der schreckliche, magische Herrscher, dessen rechtlicher Partner *Týr* (*deywós ,himmlisch') ist. Der zweite Gott der Trias ist der Krieger *Thor* (altisländ. *Þórr*), der Gott mit dem Hammer, der Besieger der Riesen; ursprünglich ist er der ,Herr des Donners' **tnH-ro-*. *Thor* und *Odhin* gehören beide zu den *Asen* (deren Name mit dem der vedischen *Asura* in Verbindung gebracht werden kann); der dritte Gott der Trias, *Freyr*, gehört zu den *Wanen*, den Göttern des Wohlstands, des Überflusses, des Friedens und der Fruchtbarkeit. *Asen* und *Wanen* stießen zu Weltbeginn in einem ,Gründungskrieg' zusammen.

### 4. *Die drei Funktionen im slawischen und baltischen Pantheon*

Der jetzige Stand der Quellen (der belegte Teil beschränkt sich auf Volkslieder späteren Datums) erlaubt es kaum, Gewißheit zu erlangen; V. N. Toporov (11) regte an, dem slawischen Gott *Stribogŭ* (über den wir recht wenig wissen) die souveräne Funktion zuzuschreiben, wobei *Perunŭ*, ein Pendant zum nordischen Thor, die kriegerische Funktion und *Volosŭ* die dritte Funktion vertreten sollen. Die Trias ist aber nicht unmittelbar belegt. Sie ist es dagegen auf baltischer Seite, wenn wir mit Fisher (12), den Angaben Grunaus Glauben schenken; dieser beschreibt einen

Wandteppich, der drei Götter darstellt: einen geheimnisvollen *Pocullus*, Gott der Hölle, der Finsternis, der Geister der Toten; *Perkunas* (S. 49), die Entsprechung des slawischen *Perunŭ*, folglich ein Gott der zweiten Funktion; einen *Potrimpo* schließlich, der als junger Mann mit fröhlichem Gesicht und einem Ährenkranz dargestellt ist, demnach eine Gestalt der dritten Funktion. Mittlerweile wies M. Gimbutas aber nach (15), daß *Pocullus* kein anderer ist als *Vēlinas*, der ‚Herr der Geister' ist (dessen Name heute den Teufel der Christen bezeichnet); dieser Gott erinnert vielfach an den nordischen *Odhin* und den vedischen *Varuna*. Ist ferner *Diēvas*, der zwar auch nicht in der Trias vertreten ist, dessen Bezeichnung, **deywós*, sich aber genau mit der *Tyrs* deckt, eine Entsprechung des Souveränen vom Typ *Mitra, Fides, Tyr?*

### 5. *Die drei Funktionen im keltischen Pantheon*

Dort ist die Trias nicht belegt; eine dreifunktionale Verteilung ist dennoch wahrscheinlich (14). Die souveräne Funktion wird in ihren magischen Erscheinungsformen durch *Lug* vertreten, dem die Römer *Merkur* sowie dem germanischen **Wōdanaz* gleichsetzten. An seiner Seite ist der irische *Dagda* ‚der gute Gott' zu finden; er ist zugleich Himmelsgott (wird daher dem donnernden Jupiter gleichgesetzt; vgl. der gallische *Taranis*) und Druidengott und verkörpert den freundschaftlichen und juristischen Aspekt der Souveränität. *Nodens* (ir. *Nuada*) der einarmige ‚Verteiler' entspricht dem nordischen *Tyr* aufgrund seiner Behinderung, seine Tätigkeit bringt ihn aber mit dem vedischen *Bhaga* in Verbindung; er ist auf jeden Fall ein souveräner Gott trotz seiner Identifikation mit *Mars*. Die kriegerische Funktion fällt anscheinend dem gallischen *Ogmios* (irisch *Ogme*) zu, der *Herkules* gleichgesetzt wurde. Kennzeichnend für die dritte Funktion ist der irische *Diancecht*, ein *Apollon* gleichgesetzter Arztgott, sowie mehrere Handwerkergötter, darunter die *Minerva* gleichgesetzte Hauptgöttin *Brigit*.

### 6. *Die drei Funktionen im hethitischen Pantheon*

Die hethitische Religion stand offenbar unter dem Einfluß der nicht-indoeuropäischen Religionen Anatoliens. Die Nachhaltigkeit der dreifunktionalen Auffassung, bezeugt durch die ritualisierte Anrufung der Götter des Gegners (15), gibt Anlaß dazu, im Pantheon Spuren der früheren Dreiteilung zu entdecken. Die sich von vornherein aufdrängende Identifizierung betrifft den Hauptgott der dritten Funktion *Telepinuš*, den Gott der Landwirtschaft, dessen Verschwinden das gesamte irdische Leben lähmt. Auch hier hat der Sonnengott an dieser Funktion teil. Der andere Hauptmythos, in dem der Gewittergott den Drachen tötet, liefert eine Parallele zum vedischen Gott *Indra Vrtrahan* (S. 103), wenn auch der ‚Mord an *Vrtra*' in keinem Bezug zum Gewitter steht und die einzelnen Vorgänge voneinander abweichen; das kriegerische Wesen des Gottes kommt im ältesten hethitischen Text deutlich zutage: „Dem Wettergott des Himmels war er lieb, und als er dem Wettergott aber lieb war... der König von Kuššara [kam] aus der Stadt herab mit großer Macht und nahm Neša in der Nacht mit Gewalt ein".

Das ist *Indra*, der seine Schützlinge im Kampf gegen die „Indra verhaßten" Feinde unterstützt. Seine atmosphärische Erscheinung ist zweitrangig. E. Neu schlägt vor, das sie benennende Ideogramm $^{D}$ISKUR (‚Gott des Windes') als $^{D}$ *Tarhunnaš* (‚siegreicher Gott') zu lesen; die doppelte Benennung verweist zugleich auf den *Indra* des ‚Widerstandsbruchs' (*vrtratūrya*- und auf den indoiranischen kriegerischen Hauptgott *Vāyu* ‚der Wind'. Der Gott und die Göttin *Halmašuitt* — ‚Thron', stellen trotz seiner entlehnten Benennung die souveräne Funktion dar; der Gott *Šiuš*, den E. Neu den indoeuropäischen **dyews* gleichsetzt, ist aller Wahrscheinlichkeit nach ein souveräner Gott, wie

*Zeus, Jupiter, Tyr;* jedenfalls steht er in enger Beziehung mit dem ihn *šiuš miš ,mein (Gott) Šiuš'* nennenden König. Dieser *Šiuš* wird zunächst durch einen Sonnengott, dann durch eine Sonnengöttin abgelöst, die in der klassischen Phraseologie die ,königliche Hoheit' bezeichnen; hier liegt die Vorstellung von einem Sonnencharisma vor, das mit dem awestischen $x^{v}$*arenah-* verwandt ist. Wie bei den Kelten ist die Trias allerdings unbelegt: die funktionale Dreiteilung des hethitischen Pantheon bleibt demnach eine Hypothese.

### 7. *Die drei Funktionen im armenischen Pantheon*

Über den armenischen Pantheon wissen wir recht wenig; von den Göttern kennen wir manchmal nur den Namen; und dieser Name ist häufig dem Iranischen entlehnt. Es ist dennoch möglich, dort der dreifunktionalen Struktur auf die Spur zu kommen, wie Ch. de Lamberterie (17) es kürzlich nachwies. In einem Edikt zur Stärkung des gefährdeten Paganismus stellt König Tiridat seine Untertanen unter den Schutz der Götter: „Möge Euch Heil und Wohlstand mit der Unterstützung der Götter zuteil werden: große Fruchtbarkeit durch den Edlen *Aramazd*, Vorsicht durch Frau *Anahit*, Tapferkeit durch den tapferen *Vahagn*, Euch allen Armeniern unseres Landes". *Vahagn* ist gleich dem iranischen *Vrθragna*, dessen Namen er führt, ein kriegerischer Gott. Es wundert dagegen, daß die dritte Funktion ,große Fruchtbarkeit' dem Gott zufällt, der den Namen von Ahura Mazda führt, und daß umgekehrt eine Göttin, die iranische *Anahita*, die Souveränität lenkt. Das spricht aber für das originale, urwüchsige Wesen der armenischen Trias; und „das Wesentliche ist ohnehin, daß die drei von den Göttern gewährten Wohltaten die indoeuropäische Ideologie der drei Funktionen unmittelbar widerspiegeln", schreibt Ch. de Lamberterie abschließend.

## *8. Der griechische Pantheon und die drei Funktionen*

Griechenland liefert, wie aus der poetischen Formelsammlung ersichtlich, das erstaunliche Beispiel einer besonders beständigen Tradition; es behält in der Sage eine so nachhaltige Erinnerung an das dreifunktionale Schema, daß der Philosoph Platon es als Grundlage seines Idealstaats wählte. Allerdings ist die Struktur des Pantheons dort nicht auf dieses Schema zurückzuführen. Es kennt zwar einen souveränen Gott, *Zeus*, einen Kriegsgott, *Ares*, und mehrere Götter der dritten Funktion, man trifft dort aber keine funktionale Trias und keine auf der Funktion aufgebaute Gruppierung; und vor allem gibt es Hauptgötter wie *Apollon*, *Artemis*, *Athena*, *Poseidon* u. a., die in den Rahmen der drei Funktionen nicht hineinpassen. Interessantes Gegenbeispiel: es zeigt *a contrario* das bezeichnende Wesen der dreifunktionalen Deutung der Pantheons, auf die sie sich bezieht. Es zeigt auch, daß die Organisation der indoeuropäischen Pantheons nicht auf die dreifunktionale Struktur beschränkt ist. Denn der griechische Urpantheon ist auch strukturiert, aber nach einem anderen Prinzip: nach dem Prinzip der ‚drei Himmel' und ihrer Farben, der (täglichen, jährlichen, kosmischen) Zeitzyklen. Ein jährliches Drama liegt der Verbindung des souveränen Paares zugrunde: die (ursprünglich jährliche) Verbindung von Zeus (**dyew-* ‚Tageshimmel') und Hera (**yērā-* ‚schöne Jahreszeit') symbolisiert die jährliche Rückkehr des Lichts am Ausgang der winterlichen Nacht. Diese Alternanz stellt ebenfalls die Verbindung von Apollo und Dionysos im Delphi-Tempel dar. Athena und Aphrodite, beide ‚Töchter des Zeus', sind die zwei antithetischen und einander ergänzenden Seiten der zugleich kriegerischen und verliebten indoeuropäischen Aurora ‚Tochter des Tageshimmels': der Frühling, Aurora des Jahres, ist sowohl die Jahreszeit der Liebschaften wie auch der Beginn der Kriegszeit, die im Herbst zu Ende geht.

## 9. *Von den drei Himmeln zu den drei Funktionen*

Wenn die ursprüngliche Strukturierung des griechischen Pantheons allem Anschein nach ererbt ist, stellt sie zwangsläufig eine uralte Form der indoeuropäischen Anschauungen dar. Sie aufgrund des dreifunktionalen Schemas zu erklären stellt sich als unmöglich heraus; der umgekehrte Weg ist dafür leicht. Die Götter des Tageshimmels, wie Zeus, wurden zu souveränen Göttern, die über die Gesamtheit der Götter, **deywōs-*, herrschen. Die Götter des roten Morgen- und Abendhimmels verteilen sich auf den Krieg und die ‚dritte Funktion', wo sie zu den Gottheiten des Nachthimmels und der Erde stießen. Weitere ‚schwarze' chtonische oder nächtliche Gottheiten wurden du Dämonen: beispielsweise die Asura (‚Herrin der Geister der Toten') im brahmanischen Indien. Umgekehrt aber wurde der oberste Gott des Nachthimmels, der ursprünglich mit dem Tageshimmel alternierte, zu einem souveränen, manchmal sogar dem obersten des Tageshimmels überlegenen Gott (etwa bei den Germanen). Daher die doppelte Souveränität, deren kosmischer Ursprung im germanischen, baltischen und indoiranischen Pantheon noch erkennbar ist.

| | **Götter des Taghimmels** | **Götter des Nachthimmels** |
|---|---|---|
| Germanen | **Tĭīwa* und die **tīwa-* (< **deywo-*) | **Wōdena-* und die Wilde Jagd (das Heer der Toten) |
| Balten | **Deiva-* und die **deiva-* (< **deywo-)* | **Velina-* und die *Veles* (Seelen der Toten) |
| Indoiraner | **Mitra-* (‚Vertrag') und die **daiva-* (< **deywos-*) | **Varuna-* (‚Eid') und die **asura-* (‚Herren der Geister der Toten') |

Aus den unsymmetrischen Bezeichnungen ersehen wir, daß die Indoiraner ‚politische' Wesenheiten (die Götter der ‚Religion der Wahrheit') an die Stelle kosmischerWesenheiten setzten. Aber die Brāhmana behalten die Erinnerung an ihr Urwesen: ‚Mitra ist der Tag, Varuna die Nacht'.

# *V. — VON DEN GÖTTERN ZU DEN HELDEN*

Ob sie aus der Belebung eines Gegenstands bzw. einer abstrakten Idee stammen oder ob sie von Anbeginn Götter waren — die Götter neigen am Schluß ihres Entwicklungszyklus zur Menschwerdung. Es ist gewissermaßen das Gegenstück zum Evhemerismus, der in den Göttern ehemalige Menschen sieht („einst waren die Götter sterblich", wiederholen die *Brāmana*).

*Götter und Helden der drei Funktionen:* G. Dumézil und andere nach ihm fanden die dreifunktionale Organisationsform des Pantheons in Sage, Geschichte und Epos mehrerer indoeuropäischen Völker wieder: Wenn sie zu Menschen werden, behalten die Götter, was ihr eigentliches Wesen ausmachte: ihre Funktion.

## *1. Der Mahābhārata*

S. Wikander (18) zeigte, daß die *Pāndava*, Helden des indischen Großepos, die Verkörperungen der vedischen Hauptgötter der drei Funktionen sind: der ältere *Yudhisthira* ist der Sohn von *Dharma* ‚das Gesetz', Wesenheit der ersten Funktion; der zweite *Bhīma* ist der Sohn von *Vāyu* und der dritte *Arjuna* der von *Indra:* sie stellen die beiden Erscheinungen (roh/ritterlich) des Kriegers dar; die beiden letzten sind Zwillinge, *Nakula* und *Sahadava*, Söhne der Zwillinge *Aśvin*. Und ihre gemeinsame Gemahlin *Draupadi* ist die Übertragung jener dreifunktionalen Hauptgöttin des *Veda: Sarasvatī*- — daher die Existenz einer polyandrischen Ehegemeinschaft im indischen Großepos, die für das brahmanische Indien dennoch anstößig war.

## *2. Die Narten* (19)

Die Osseten, entfernte Nachkommen der Skythen, erhalten das dreifunktionale Schema in ihrem Nationalepos der drei *Narten*-Familien: die *Alaegatae*, die auf halber Berghöhe wohnen, veranstalten heilige Feste; die *Aexsaergkatae*, die sich an der Spitze aufhalten, sind heroische Kämpfer; die *Boratae*, die unten wohnen, sind wohlhabend und zahlreich. Beide letzteren Familien geraten ständig in Konflikt.

### 3. *Roms Gründungssage*

Die mythische Geschichte von den ersten Anfängen Roms zeigt mehrere Erscheinungen des dreifunktionalen Schemas auf: die Reihenfolge der vier ersten Könige, die von ihrem Charakter und ihrem Schicksal her die drei Funktionen (die erste gar unter ihren beiden Aspekten!) symbolisieren: *Romulus* der gründende Halbgott; *Numa* der Gesetzgeber; *Tullus Hostilius* der Krieger; *Ancus Marcius* schließlich, der sich um den Wohlstand und die Entwicklung kümmert. Zwei Helden der Sage, *Horatius Cocles* der Einäugige und *Mucius Scaevola* der Einarmige verweisen mit ihren ‚befähigenden Gebrechen' auf das nordische Götterpaar *Odhin-Tyr*. Roms erster Zug gegen die Sabiner ist gleich dem zwischen Asen und Wanen ausgetragene Krieg ein ‚Gründungskrieg'. Dieses Schema wird mit der Ankunft Äneas' im Latium vorgestaltet (20).

### 4. *Edda und Sagas*

Gleich dem sabinischen Krieg stellt der Krieg zwischen Asen und Wanen die beiden ersten Funktionen und die dritte in einer Reihe von unentschiedenen Kämpfen gegeneinander, bis ein endgültiger Friede sie zu einer dreifunktionalen göttlichen Gemeinschaft zusammenschließt (21). Das dreifunktionale Schema tritt ebenfalls in den Sagas, besonders in einer Episode der *saga* von *Hrófr Kraki* (22), zutage.

### 5. *Griechisches Epos und Sage* (23)

Trotz mehrmaliger Versuche war es nicht möglich, das

dreifunktionale Schema auf die gesamte *Ilias* zu beziehen; ein Beleg ist dennoch in der Verzierungsstruktur von Achilles' Schild zu finden, wie es aus der Untersuchung Yoshidas hervorgeht: eine Hochzeit und ein Prozeß (erste Funktion), ein Kriegszug (zweite Funktion), drei Szenen aus der Landwirtschaft, eine aus der Viehzucht und ein bäuerliches Fest (die einzelnen Aspekte der dritten Funktion) sind nacheinander zu erkennen. Dreifunktional ist die Sage vom Paris-Urteil, der weit zurückliegenden Ursache des Trojanischen Kriegs: die drei Göttinnen, zwischen denen er wählen muß, verkörpern die drei Funktionen; indem sich Paris für (die dritte Funktion verkörpernde) Aphrodite entscheidet, trifft er die schlechte Wahl, die sein Volk ins Unglück stürzen wird. Die mythische Geschichte der ersten Könige von Orchomenos ist auf dem gleichen Modell aufgebaut wie die der ersten römischen Könige.

### 6. *Die Bylinen*

Die russische epische Dichtung der Bylinen enthält mindestens eine funktionale Trias, diejenige nämlich, die *Volx*, „zugleich Schamane und kriegerischer Fürst[4] (24), *Svjatogor* der Riese, „mit dem sich niemand an Kräften messen kann", und *Mikula* „der außerordentliche Ackerbauer (25). Die *Nestorchronik* läßt fünf Fürsten aufeinanderfolgen, welche die drei Funktionen, mit Ausnahme der dritten, unter ihren beiden Aspekten verkörpern (26).

### 7. *Die Sage von den ersten Königen Armeniens* (27)

Aufgrund der Folklore und mancher heute verloren gegangenen Heldengedichte läßt Moses von Khoren auf den übermenschlichen *Hayk*, den namengebenden Vorfahr der Armenier *(Hayk')*, einen rein menschlichen Herrscher, *Aramaneak*, folgen; einen Krieger, *Aram; Aray*, der Schöne genannt und von der sinnlichen Königin *Šamiram* geliebt, sowie dessen gleichnamigen Sohn *Aray*.

## *8. Götter und Helden der Zeitzyklen*

Die Heldensagen, das Epos, die mythische Geschichte, die Märchen, spiegeln ebenfalls die älteste Strukturierung des indoeuropäischen Pantheons, die der Zeitzyklen, wider. E. Krause (28) erkannte, daß die einzelnen Formen der Trojanischen Sage auf der Mythologie des Jahreszyklus beruhen. So ist die in Troja (freiwillig) gefangen gehaltene Helena eine Aurora des Jahres, die ein Sonnenheld, der ‚blonde Menelas', zurückzuerobern versucht. Daher die Erkenntnis (29), daß die Hauptbegebenheiten der *Ilias* mit den Phasen des Jahreszyklus in Beziehung gebracht werden können; letztere verkörpern u. a. Zeus, Tageshimmel, Hera, schöne Jahreszeit, die göttlichen Auroren Athena und Aphrodite. Die Sage von der schlafenden Brünhild, die Siegfried (Sigurd) erweckt, und die folkloristische Fassung dieses Motivs, das vom Märchenprinz erweckte Dornröschen, gründen ebenfalls auf der Mythologie der Jahresaurora bzw. des kosmischen Zyklus. Mehrere Epen sind nach dem Modell des kosmischen Zyklus angelegt: ihr Anfang beruht auf dem kosmogonischen Mythos, ihr Schlußteil auf dem eschatologischen, wobei die mythische Geschichte der Zeit dazwischen liegt. Das ist u. a. im armenischen Nationalepos (30) und im altenglichen Heldengedicht *Beowulf* zu beobachten (31).

# VI. — DIE GÖTTERDÄMMERUNG

Renan erinnerte an „das purpurrote Leichentuch, in dem die Toten schlafen". Es wird behauptet, das Griechische und das Lateinische seien ‚tote Sprachen'; dennoch leben sie in den romanischen und neuhellenischen Sprachen fort. Das gilt zum Teil auch für die Götter des Paganismus: zunächst — wie eben festgestellt — in Sagen- und Geschichtshelden, dann in Hausgeistern (*Spiritus familiaris*), in Kindermärchengestalten, manchmal in Dämonen verwandelt, leben sie im Verborgenen, aber intensiv fort. Die germanische Entsprechung von Varuna und Jupiter, Wotan, der ‚schwarze Jäger' setzt unkenntlich seine Bahn im Harlekinkleid fort. Andere wurden zu Heiligen, wie jener Drachenbezwinger, der im Erzengel Michael fortwirkte. Man überlegt sogar, ob das Modell der indoeuropäischen funktionalen Triaden nicht dazu beigetragen haben, den einen Gott des Judentums durch eine Trinität, eine Dreifaltigkeit Gottes zu ersetzen. Bei allen Verboten und Verfolgungen behaupteten sich die alten Kulte oder tauchten wieder auf: im christlichen Weihnachtsfest lebt die uralte Feier der Wintersonnenwende fort und das Johannisfeuer wird anläßlich der Sommer-Sonnenwende angezündet.

*Anmerkungen:*

1 E. Benveniste, *Le vocabulaire des institutions indo-européennes*, 2, S. 179f.

2 Vgl. Höfler, *Zeitschrift f. deutsches Altertum und deutsche Literatur*, 100, 1971, S. 371f.

3 Indoeuropäische poetische Formel. Vgl. R. Schmitt, *Dichtung*, aaO. & 333f.

4 G. Dumézil, *La religion romaine archaïque*$_2$, S. 66f.

5 R. Schmitt, *Dichtung*, aaO. & 3124f.

6 R. Schmitt, *ebd*, & 577.

7 G. Dumézil, *La saga de Hadingus*, 1953, S. 150.

8 G. Dumézil, *Naissance d'archanges*, 1945.

9 Zuletzt G. Dumézil, *La religion romaine archaïque*$_2$.

10 G. Dumézil, *Les dieux des Germains*, 1959, S. 5f.

11 In R. L. Fisher, *Myth and Law*, aaO, S. 148, Anmermerkung 3.

12 *Ebd*, S. 148f.

13 M. Gimbutas, *Myth in Indo-European Antiquity*, S. 67—92; vgl. auch J. Puhvel, *ebd*, S. 75—85.

14 F. Le Roux, C. J. Guyonvarc'h, *La civilisation celtique*, S. 97f.

15 *KUB*, VII, 60, II, 20.

16 E. Neu, Der *Anitta-Text*, 1974, S. 10—11.

17 *Etudes indo-européennes*, 4, Januar 1983, S. 3f.

18 S. Wikander, *Religion och Bibel*, VI, 1947, S. 27—39.

19 G. Dumézil, *Mythe et Epopée*, I, 1968, 3. Teil; sowie *Romans de Scythie et d'alentour*, 1978.

20 G. Dumézil, *Mythe et Epopée*, I, 2. Teil.

21 G. Dumézil, *Les dieux des Germains*, aaO, Kapitel 1.

22 L. Gerschel, *Hommages à G. Dumézil*, S. 104—116.

23 G. Dumézil, *Mythe et Epopée*, I, S. 496, Anmerkung 1 (Bibl.).

24 G. Dumézil, *Mythe et Epopée*, I, S. 625.

25 Überschrift eines Aufsatzes von A. Mazon, *RES*, XI, 1931, S. 149—170.

26 R. L. Fisher, *Myth and Law*, aaO, S. 147.

27 S. Ahyan, *Les débuts de l'histoire d'Arménie et les trois fonctions*. In *Revue de l'Histoire des Religions*, CIC-3, 1982, S. 251—271.

28 E. Krause, *Tuisko-Land*, Glogau 1891.

29 *L'Iliade vue de l'Olympe*, in Vorbereitung, *Lalies*, 7.

30 Ch. de Lamberterie, *La Geste de Vahagn;* In *Etudes Indoeuropéennes*, 4, Januar 1983, S. 1—35.

31 J. Haudry, *Beowulf dans la tradition indo-européenne*, 1, in *Etudes Indoeuropéennes*, 9, Juni 1984, S. 1—56.

Viertes Kapitel

# DIE INSTITUTIONEN

# I. — DAS INDOEUROPÄISCHE JURISTISCHE ERBE

Die Existenz eines *indoeuropäischen Rechts* kann heute als sicher gelten: ein zwar nicht schriftlich festgelegten Recht, das aber durch überlieferte Formeln übertragen und nach festen Schemen artikuliert wird, allen voran das dreifunktionale Schema. Wir stellten außerdem fest, daß einer der beiden souveränen Hauptgötter ein juristischer ist, *Mitra* bei den Ariern, **Tīwaz (Tyr)* bei den Germanen, *Dagdá* in Irland und *fidēs* in Rom.

*A) Juristische Formeln.* — Das erwähnte Ausschlußverfahren ließ sowohl die Existenz einer Formel, kraft deren der Ausgeschlossene einem Wolf gleichgesetzt ist, als auch einen der Rechtssprache eigentümlichen Sprachmechanismus erkennen, demzufolge das Verb ‚sagen' an die Stelle des Verbs ‚tun' tritt: im Bereich des Rechts heißt sagen sehr häufig tun. Die lateinische Bezeichnung des ‚Richters' kam mit Hilfe dieses Mechanismus zustande: aufgrund eines **yews dheH*$_1$- ‚den **yews* verleihen' (‚Prinzip der Wirkungskraft') (awestisch *yaož-dā-* ‚instand setzen') bildete man **yews-deyk-* ‚mit dem Wort instand setzen' (und somit *justus* sprechen). C. Watkins hob den übereinstimmenden Gebrauch des lateinischen Verbs *sarcire* und des hethitischen *šark-* in der Bedeutung ‚Erstattung leisten' hervor (1), weshalb er der indoeuropäischen Gemeinschaft den Begriff der *Noxalität* zuerkannte (2). Da in rechtlichen Sachen aussprechen handeln bedeutet, schließt die Rekonstruktion einer juristischen Formel die Existenz eines entsprechenden Verfahrens in sich.

*B) Schemen des juristischen Denkens.* — Mehrere Beispiele lassen erkennen, daß der dreifunktionale Rahmen ein Schema für das juristische Denken der Indoeuropäer lieferte. Die Heirat weist drei Formen auf, die den drei Funktionen entsprechen, eine religiöse Form (die Heirat per *confarreatio* der Römer), eine andere durch ‚freie Wahl' (der indische *svayamvara* und sein Abbild, der römische *usus*), eine dritte durch Kauf (die römische *coemptio*); ebenso bestehen in Rom drei Arten zu testieren: das Testament *calatis comitiis* in Anwesenheit des Pontifex (Oberpriesters); Testament *in procinctu* vor der angetretenen Truppe; Testament per *aes et libram*, das einen Verkauf des Erbes vorgibt. Es gibt auch drei Freilassungsverfahren, die dem gleichen dreifunktionalen Schema gemäß (3) artikuliert sind. Weitere, besondere oder allgemeine, Schemen können wiederhergestellt werden. So zum Beispiel die Unterscheidung zwischen zwei Formen des Diebstahls, dem *furtum manifestum* und dem *furtum nec manifestum*, die auch in der arischen Welt vorgenommen wird: vedisch *stená-: tāyú-*, awestisch *hazahan-:tayu-*, jeweils ‚wer uverhohlen stiehlt, der Räuber':‚wer heimlich stiehlt'. Diese Schemata, diese Formeln sind die ersten ‚Quellen des Rechts', da es keine gesetzgebende Gewalt gibt. Das Recht gilt nicht als entwicklungsfähig: es ist eine Institution (vedisch *dhaman-*, griechisch *Themis*, deren indoeuropäische Wurzel in der Bezeichnung der römischen Fetialen wieder zu finden ist) göttlichen Ursprungs, und keine menschliche Schöpfung; es ist eine sowohl formal wie auch inhaltlich ewige (der indische *dharma-* wird als *sanātana-* qualifiziert) und unveränderbare Institution. Auch in rechtlichen Sachen ist ein Vorrang der Form festzustellen, der sich ebenfalls in dem gleich einem religiösen Ritual festgesetzten Verfahren äußert. Form und Inhalt sind im Rechtsverfahren untrennbar und werden nicht auseinandergehalten: ein ‚gerechtes Urteil' ist wie jede richtige poetische Formel eine treffende Formulierung.

König Lugaid Mac Con fällte ein Urteil gegen einen Mann, dessen Schaf die Weide der König abgegrast hatte. Lugaid beschloß die Beschlagnahme des Schafes, worauf der Teil des Hauses, in dem es sich befand, einstürzte. „Nein", sagte Cormac, „die Schafschur wird für das Abgrasen der Wiese allein entschädigen, denn beide werden wieder wachsen." Das Haus hörte dann auf einzustürzen. „Das ist das rechte Urteil", sagten alle, „und der Sohn eines echten Fürsten, hat es gefällt" (4).

Ein gerechtes Urteil in der Tat, das gleich einer ‚wohl angepaßten' Formel auf einer strengen Proportionalität beruht und deshalb die magische Macht der Wahrheit besitzt. Ein solches Urteil zeigt, daß der Fällende ebenso wie der arische *artāvan* ‚die Wahrheit in sich hat'.

## II. — RECHT UND RELIGION

Es wäre falsch, im Recht das ‚weltliche' Gegenstück zur Religion zu sehen; *Mitra*-Vertrag ist nicht weniger ‚religiös' als *Varuna*-Eid. Einer häufig wiederkehrenden brahmanischen Formel gemäß ist *Mitra* aber der Tag und *Varuna* die Nacht: Das Recht ist die ‚Tagesseite' (heute würden wir von der rationalen Seite sprechen) der Verhältnisse, deren geheimnisvolle ‚Nachtseite' die Religion darstellt. Wir dürfen ebensowenig die juristischen Institutionen als bloßes Abbild der Religion betrachten: wir konnten vielmehr feststellen, daß die religiösen Auffassungen weitgehend wenn nicht politische Institutionen, so doch politische Schemata widerspiegeln. Daß Recht und Religion untrennbar verbunden sind, trifft eher zu, und man sollte nicht versuchen, sie einander unterzuordnen. Die Grundbegriffe, wie die Familie, die Ideale und die Werte, die Denkschemata, wie die funktionale Dreiteilung, liegen Recht und Religion gemeinsam zugrunde, die somit zwei einander ergänzende Erscheinungsformen derselben Grundlage sind. „Deshalb", schließt Fustel de Coulanges, „konnten Männer zugleich Pontifex und Rechtsgelehrte sein; Recht und Religion waren zusammen gewachsen" (5). Auch aus diesem Grund dürfen wir in Sachen Recht und Kult nicht mit jener Dualität ‚privat':‚öffentlich' operieren, sondern vielmehr unterscheiden, was jedem der vier Kreise der politischen Zugehörigkeit untersteht. Zwischen diesen vier ‚Formen des Rechts' bestehen lediglich quantitative Unterschiede: je weiter von der Familienzelle (**dom-*), desto weniger Institutionen. Ein Wesensunterschied besteht nicht: der König ist ‚Vater des Volkes', Vertreter des namengebenden Vorfahren, so wie das Familienoberhaupt, Vater oder Großvater der die Familie zusammenstellenden Mitglieder ist.

## III. — DAS RECHT DER STAMMLINIE

Es gründet auf der S. 42 dargelegte *trustee*-Auffassung und auf der Patrilinearität: die grundlegende Wesenheit ist nicht das Individuum, sondern die Stammfolge (Filiation durch die Männer).

*A)* Das patrilineare Wesen der Filiation bei den Indoeuropäern wird durch sämtliche historische Zeugnisse belegt. Die einzelnen Verwandtschaftsbezeichnungen bekräftigen diese Zeugnisse für die gemeinsame Epoche: die Wörter, die eine Verwandtschaft durch die Männer bezeichnen, decken sich und sind alt; nicht hingegen die meisten Bezeichnungen, die auf eine Verwandtschaft durch die Frauen hinweisen. Die wenigen, hie und da entdeckten Spuren matrilinearer Filiation werden Außeneinflüssen zugeschrieben. Die Patrilinearität wird durch die Homologie zwischen menschlichem Samen und pflanzlichem Samen, sowie durch die Gleichsetzung von Frau und Acker veranschaulicht. In Äschylus' *Eumeniden* (V. 606f) bedient sich Apollo dieses Arguments, um jegliche physische Verwandtschaft zwischen dem Sohn und seiner Mutter zu leugnen, seine Geweisführung verweist auf die indische Theorie des *bíja-* (Same, Keim) und des *ksétra-* (Feld, Acker).

*B) Bande des Blutes und religiöses Band.* — Fustel de Coulanges vertrat die Ansicht, daß die Filiation nicht auf den Banden des Blutes gründe, sondern auf dem religiösen Band: der uneheliche Sohn des Vaters gehört nicht zur Stammlinie, der emanzipierte Sohn gehört ihr nicht mehr an, der Adoptivsohn tritt ihr mit vollem Recht bei. Ein untergeschobenes Kind, auch wenn es im väterlichen Hause geboren ist und von seinem vermeintlichen Vater in den Familienkult eingeführt wurde, kann diesen dennoch nicht vollgültig verrichten. Folglich genügt sich das religiöse Band nicht selbst. Die Kindesunterschiebung erweist sich als katastrophal für die Stammfolge, deren Kult ohne Vorwissen des Familienvaters unterbrochen wird. Die Adoption wiederum ist nur ein Ersatz für die Zeugung; „Adoptieren", erklärt Cicero (*Pro domo*, 13. 14), „heißt die Religion und das Gesetz um das bitten, was man von der Natur nicht bekommen konnte". Der echte Sohn ist derjenige, den eine vielfach erörterte Formel (6) ‚den Sohn des Knies' nennt, das heißt der die Bande des Blutes und das religiöse Band miteinander knüpft. Auch hier heiligt — eher denn gründet — die Religion eine Institution politischen Wesens: der ‚Vater', Oberhaupt und Vertreter der Familie (**déms-póti-*), ist zugleich der religiöse Vorsteher und der Erzeuger. Die Institutionen der Stammlinie folgen unmittelbar aus diesen Prinzipien.

*C) Die Institutionen der Stammlinie.* — Diese Grundsätze enthalten die dringende Notwendigkeit, legitime Söhne zu zeugen; daher jene gesetzlichen Vorkehrungen, die eine Förderung der Fruchtbarkeit, das Verbot der Ehelosigkeit und die Unterbindung der Kindesunterschiebung anstreben. Weitere Folgen ergeben sich aus den Vorschriften des Erbes: dieses vereinigt nämlich auf untrennbare Weise das Amt des Familienoberhauptes, die Verpflichtung, den Familienkult zu verrichten und fortbestehen zu lassen, die Übertragung des unteilbaren, unveräußerlichen Familienguts, die Übertragung der Freundschafts-, Gastfreundschafts- und Feindschaftsverhältnisse des Verstorbenen und vor allem die seines ‚Ruhmes' (**kléwos-*). Alle diese Vorkehrungen leiten sich demnach unmittelbar aus der Auffassung der Stammfolge ab; andere aus dem Prinzip der Patrilinearität. Kraft dieses Prinzips ist der Erbe, in Ermangelung eines Sohnes, der nächste Blutsverwandte der männlichen Linie oder *Agnat;* das ist auf den Umstand zurückzuführen, daß die Blutsverwandten der weiblichen Linie oder *Kognaten* der Stammfolge nicht angehören. Sie feiern nicht den Kult derselben Vorfahren; sie stammen nicht aus demselben ‚Samen'. Wenn sie heiratet, gibt die Frau den Familienkult ihres Vaters auf, um den ihres Mannes anzunehmen. Mit dem neuen Kult geht sie zu einer anderen Linie über; sie bricht jede juristische und religiöse Verbindung mit ihrer bisherigen Familie ab.

## IV. — DAS RECHT DER VIER KREISE

### 1. Die Institutionen der Familie und des Stammes

Die Familie (**dom-*) ist die vorübergehende Form der ewigen Stammlinie; das gesamte Familienrecht beruht auf dieser Grundlage. Das Familienoberhaupt übt schon deshalb eine unumschränkte, unkontrollierte Macht über seine Angehörigen aus, weil es der legitime Vertreter (**póti-*) einer *ewigen* Wesenheit, der Stammlinie, ist, auf die die *vergänglichen* Außenmächte wesensgemäß keinen Einfluß haben. Seine Befugnisse ermöglichen ihm, das Fortbestehen der Stammlinie wirksam zu überprüfen, indem er sich der Treue seiner Frau versichert, indem er auf die Erziehung seiner Kinder, insbesondere der Söhne achtgibt, die ihm nachfolgen und bei entsprechender Erziehung die Kulten, die Überlieferungen und die Ehre der Stammlinie aufrecht erhalten werden. Der Familienvater kann zwar seinen Sohn emanzipieren (d. h. ihn aus der väterlichen Gewalt entlassen) oder ihn sogar als Sklaven verkaufen, er darf aber nicht den geringsten Teil des Familienguts veräußern. Sein Sohn gehört ihm, das Familiengut gehört aber der Stammlinie; er ist lediglich dessen Verwalter. Die Solidarität der Familie im strafrechtlichen Bereich geht ebenfalls aus diesem Prinzip hervor. Das Familienoberhaupt waltet innerhalb seiner Familie als alleiniger Richter; nach außen ist er deren alleiniger Vertreter. Nur er steht für die Straftaten eines Familienmitglieds; nur er kann Macht ausüben, Entschädigung (den ‚Preis des Bluts') verlangen, vor Gericht auftreten. Die konkreten Bestimmungen sind von Volk zu Volk verschieden und wandelten sich mit der Zeit; aber alles in allem ist die indoeuropäische Familie die Familie des Großvaters oder, im Falle der irischen *derbfhine*, die des Großvaters. Die slawische ‚Großfamilie' *(zadruga)* versammelt um ihren ‚Herd' alle Nachkommen ein und desselben

Vorfahren, die im Dorf unter der Herrschaft eines (von seinem Vorgänger ernannten oder gewählten) Vorstehers leben. Die traditionelle armenische Familie hat eine ähnliche Organisation. Jenseits des Urgroßvaters spaltet sich die ‚Großfamilie' auf, und die kultischen Bindungen erschlaffen bei zunehmender geographischen Entfernung. „Drei Generationen muß man das Totenmahl stellen, die vierte stellt es selbst; die fünfte hat mit ihm nichts gemein": lautet die Regel in den *Gesetzen des Manu (Mānava Dharmashāstra)* 9, 186. Für die meisten Menschen reicht die Erinnerung nicht weiter zurück; bei einigen Familien aber, deren Vorfahren den ‚unverwelklichen Ruhm' erlangten, ist die Erinnerungskraft mehr ausgeprägt: das Gedächtnis der römischen *gens Julia* reicht über den namengebenden Helden *Romulus* und den Erstgründer *Äneas* hinaus bis zur Göttin Venus. Die römischen *gens* ist vom Wesen patrizisch. Gleichermaßen ist der griechische *genos* eine aristokratische Institution, deren Bedeutung einzuschränken die demokratische Partei ständig bemüht war.

### *2. Die Institutionen der Sippe bzw. des Dorfes*

Über sie wissen wir am wenigsten: wenn es sich wie angenommen (S. 65 f.) um eine *lokale*, mehrere nicht-verwandte Familien umfassende Gemeinschaft handelt, sind die das Dorf oder die Sippe lenkenden Institutionen ganz anderer Natur und betreffen hauptsächlich die Grund- und Bodenordnung. Auf diesem Gebiet können wir nur solche Hypothesen aufstellen, die mit der eines festen Standorts zusammenhängen.

Das wahrscheinlich zutreffende Modell legte L. R. Palmer (7) dar. Dieses Modell unterscheidet den gemeinsamen Grund, der für einen bestimmten Zeitraum den Angehörigen der (je nach Dialekt **woyk*, **dāmo-* oder **koymo-* genannten) Sippe vergeben wird, vom privaten Grund, unteilbaren und unveräußerlichen Erbgütern einer adligen Linie. Wir können davon ausgehen, daß diese Einheit

Familien (**dom-*) von Freien (vedisch *vaíśya-*, altisländisch *karl-*) unter der Herrschaft eines **woyk-poti* Dorfherrn zusammenschloß, der der Adelsklasse (vedisch *ksatríya*, altisländisch *jarl*) angehörte: bei dieser Klasse gäbe es demnach keine mittlere Einheit zwischen Familie und Stamm bzw. *gens*. Deshalb ist das Wort **woyk-* in beiden Systemen zu finden (daher die Bezeichnung *vaíśya-* ‚Dorfbewohner' für die Angehörigen der dritten Kaste in Indien); es ist zugleich ein Zugehörigkeitskreis und eine funktionale Klasse.

### 3. *Die Institutionen der Nation*

Die Existenz eines Königs, **reg-*, ‚Verkörperung der Geradheit' ist, wie oben (S. 75 f.) ersichtlich, unbestreitbar; es ist aber nicht möglich, ihn in bezug auf die vier Kreise eindeutig zu definieren. Manche Völker verleihen den Königstitel bescheidenen Dorfherren (**woyk-poti-*), wie dem irischen *rí* oder dem homerischen *basileus;* mit diesem Titel bedenken andere den ‚Staatschef', wie die Hethiter, oder den Oberpriester des Nationalkultes, wie das republikanische Rom. Bei den Ariern scheint der König ursprünglich Vorsteher des vierten Kreises, der iranischen *dahyu* oder der vedischen *arí*, gewesen zu sein: der vedische König wird ‚König der *víś-*' oder ‚König der *jána-*' genannt. Später wurde der achämenidische Herrscher ‚König der Könige' oder ‚König der *dahyu*' genannt; der einfache König ist folglich der Anführer der *dahyu*. Eine Hierarchie unter den Königen muß aber angenommen werden: der vedische *samráj-* (‚König des Ganzen') ist dem einfachen *ráj-* bestimmt überlegen. Anscheinend wurde der König von den Vorstehern der Großfamilien oder gar innerhalb einer bestimmten Familie gewählt. Der vedische König ist der Gewählte der Sippen (*víś-*); die frühere germanische Monarchie war elektiv (Wahlmonarchie), und bevor Telepinus die Regeln der Thronfolge festsetzte, war die hethitische Monarchie es auch. Irland behält die Erinnerung an ein wahrsagerisches Verfahren, das den künftigen König ernennen sollte. Die Stellung dieser gewählten Könige ist im allgemeinen schwach: Es sind Fetisch-Könige, die man absetzt oder hinrichtet, wenn das Glück sie verläßt oder wenn sie zu regieren begehren. ‚Wer hat dich zum König gemacht?' mahnen ihn die Feudalherren, die ihn wählten, wenn er ihnen seine Macht aufzwingen will; denn sie wollen zu Hause weiterhin unumschränkt herrschen. Die indoeuropäischen Könige versuchten ständig, ihre Macht zu verstärken, ihre Stellung zu stützen, die Thronfolge zu sichern. Mehrere träumten von einer absoluten Monarchie wie im Orient; manchen gelang es, sie durchzusetzen, meistens aber für kurze Zeit, denn sie stand in völligem Widerspruch zu den Traditionen und dem Gesetz der Nation. Die gemeinsamen Angelegenheiten, die sich auf die Verrichtung des Nationalkultes, die außerhalb des Landes geführten Kriege und die Streitfälle zwischen Stämmen beschränken, werden anscheinend gemeinschaftlich vom König und einem Adelsrat erledigt, dessen Erscheinungsformen im geschichtlichen Zeitraum der hethitische *pankuš*, der römische Senat und die griechische *boule* sind. Dieser Rat wendet die Gesetze (**lēg-*) an, ändert sie aber nicht und verabschiedet keine neuen: die Gesetze gelten nämlich als ewig und unveränderlich.

*Anmerkungen:*

1 C. Watkins, *Indo-European and Indo-Europeans*, S. 328—334.

2 Im römischen Recht ist eine noxale Klage die Verklagung eines Familienoberhaupts aufgrund rechtswidriger Handlungen, die von den in seiner Obhut stehenden Personen oder von den ihm gehörenden Tieren begangen wurden. Das Familienoberhaupt konnte entweder die Lösung bezahlen oder den Schuldigen dem Opfer überlassen.

[3] L. Gerschel in G. Dumézil, *Mariages indo-européens*, S. 22f.

[4] M. Dillon, N. K. Chadwick, C. J. Guyonvarc'h, *Les royaumes celtiques*, S. 87.

[5] Fustel de Coulanges, *La cité antique*, S. 219.

[6] Zuletzt P. Thieme, *Zeitschrift für vergleichende Sprachforschung auf dem Gebiet der indogermanischen Sprachen*, 66, 1939, S. 130—144.

[7] L. R. Palmer, *Achaeans and Indo-Europeans*, 1955.

Fünftes Kapitel

# DER KRIEG

### 1. *Berufsheer oder Nation in Waffen?*

Mehrere Autoren hielten für die gemeinsame Epoche das klassische Beispiel des römischen Bauern-Soldaten fest, der den Pflug losläßt, um zum Schwert zu greifen, oder des griechischen Hopliten, dessen Ideale, Richtlinien und Verhalten mit denen des Bürgers identisch sind, der er zu Friedenszeiten ist und zu Kriegszeiten bleibt: das griechische Heer hat seine Beratungsausschüsse; in Rom sind die Zenturiatkomitien die Versammlung der in Zenturien zusammengeschlossenen Soldaten. Die militärischen Einheiten decken sich mit den Ethnischen, den vier Kreisen und ihren historischen Verlängerungen: „Sondre die Mannen", empfiehlt Nestor Agamemnon, „alle nach Stamm und Geschlecht, daß die Geschlechter einander helfen, die Stämme den Stämmen" (1). Die militärische Organisation der Germanen hat die gleiche Grundlage: „Der stärkste Ansporn zur Tapferkeit ist aber die Tatsache, daß nicht Zufall und willkürliche Zusammenrottung die Reitergruppe oder den Keil bilden, sondern die Sippe und die weitere Verwandtschaft" (2). Der auf Grund seines Wertes gewählte germanische *dux*, entspricht laut Tacitus dem mykenischen ‚Heerführer'. Tacitus' *Germania* liefert uns das Bild einer ‚Nation in Waffen': „Es gibt überhaupt nichts im staatlichen oder persönlichen Bereich, was sie ohne Bewaffnung vollzögen" (3). So wie der griechische Hoplit ein Bürger zu Kriegszeiten bleibt, so bleibt der Germane ein Soldat in Friedenszeiten. Dagegen weist die arische Gesellschaft eine Kriegerkaste auf, die zugleich Berufsheer (daher ihre awestische Bezeichnung *raθaēštar-* ‚Krieger im Streitwagen') und regierende Aristokratie ist (daher die indische Bezeichnung *ksatríya-* ‚Regierungsmann'). Diese Feststellung trägt zur Lösung des Problems bei: es gibt bei den Indoeuropäern eine Aristokratie, deren Hauptbeschäftigung der Krieg ist (4); diese Aristokratie prägte die ihr nachfolgenden Regierungsformen erheblich. Das alte Germanien vermittelt schon deshalb das Bild einer ‚Nation in

Waffen', weil es sich, für Tacitus wenigstens, auf seinen Kriegeradel reduziert; das gleiche gilt für Gallien, wo die von Cäsar als Plebs bezeichnete produzierende Masse keinerlei Bedeutung im politischen Leben hat. In Griechenland stimmt das Heer mit dem Stadtstaat völlig überein, aber der Stadtstaat ist nicht mit der gesamten Bevölkerung gleichzustellen: zahlreiche Staatsbürger sind untätig, zahlreiche Produzierende sind Nicht-Bürger. Der Abstand zwischen beiden Formen der militärischen Organisation ist also geringer, als es den Anschein hat, wenn man sie in ihrer Anfangszeit betrachtet: der Krieg ist ursprünglich die Angelegenheit einer begrenzten Zahl von ‚Spezialisten', die keine andere berufliche Beschäftigung haben — die Angelegenheit eines Berufsheeres oder vielmehr eines ‚Geburtsheeres'. Da aber dieser Kriegeradel den grundlegenden Bestandteil der Stadtstaaten, der Staaten aus dem geschichtlichen Zeitraum darstellt, kann man ebensowohl von ‚Nation in Waffen' sprechen.

## 2. *Die Auffassung des Krieges*

Im Leben der indoeuropäischen Gesellschaft ist der Krieger ein normaler Zustand; es ist die gewohnte Beschäftigung des Adelsstands. Die Kriegssaison beginnt im Frühjahr und geht erst mit der schönen Jahreszeit zu Ende, es sei denn, ein Waffenstillstand oder ein Friedensabkommen tritt dazwischen; der Friedenszustand ist aber nie von langer Dauer. Krieg wird aus verschiedenen Gründen geführt: neue Gebiete erobern (der ‚weite Raum', der ‚Lebensraum' des *Veda*); den heimatlichen Boden verteidigen, wie Vercingetorix' Gallier; eine Beleidigung rächen, wie die Achäer in Troja; die Vasallen an ihre Pflicht mahnen, wie die hethitischen Könige; Revolte unterdrücken, wie die Achämeniden; vor allem aber Götter erobern: die Wikingerexpeditionen haben kein anderes Ziel. Von den Dichtern besungen, verhilft der Sieg dem Krieger zum ‚unverwelklichen Ruhm'. Außer den Feldzügen gegen die ‚Barbaren' werden häufig Streite unter sich ausgetragen: Kriege zwischen keltischen Volksstämmen, Kriege zwischen den griechischen Stadtstaaten um die Hegemonie, Kriege zwischen arischen Sippen. Sogar bei der Stadtbildung kann es vorkommen, daß Volksstämme ‚Privatkriege' führen, manchmal zugunsten des Staats, wie die *gens Fabia* in Rom. Ob äußerer oder innerer Konflikt und wie seine Ursachen und Ziele auch sein mögen, ist der Krieg vor allen Dingen ein Spiel, als dessen Schiedsrichter die Götter fungieren. Ebenso wie die Hymne und die Opferung, ebenso wie das gerichtliche Verfahren wird der Krieg in gehöriger Form geführt. Er wird feierlich und gemäß einem Ritual eröffnet; dieses zielt darauf ab, die Götter zu Zeugen seines guten Rechts zu nehmen und ihren Zorn auf den Gegner zu lenken. Die Götter des Gegners werden ‚angerufen', das heißt darum gebeten, ins andere Lager zu wechseln (5). Die Kriegsführung untersteht festen Regeln: der Sieg soll ‚den Widerstand brechen' (vedisch *vrtrám tṝ-*), und nicht den Gegner vernichten. Die Entscheidung kann demnach in einer einzigen Schlacht fallen, deren Austragungsort sogar gemeinsam gewählt werden kann und die sich manchmal auf eine bestimmte Zahl von hervorragenden Kämpfern, etwa die Horatier, oder auf einen Zweikampf der Heerführer beschränkt. Man meidet den Kampf, wenn die Vorzeichen ungünstig sind; nimmt die Schlacht eine schlechte Wendung, so hat die Flucht nichts Schändliches an sich, da sie ja die Einsicht zum Ausdruck bringt, daß die Götter ungünstig gestimmt sind. Der besiegte Feind wird verschont, wenn er sich ergibt; ein merkwürdiges symbolisches Verfahren stellen ihn mit dem Vieh gleich (6). Der Besiegte erkennt in seiner Niederlage das Urteil der Götter an; der Sieger wird folglich keinen Aufruhr zu befürchten haben. Wir befinden uns weit entfernt von dem Ausrottungskrieg, so wie ihn andere durchführten. Daher beschuldigten die indoeuropäischen Völker all diejenigen der Hinterhältigkeit, die dieses Kriegsrecht nicht befolgten: die Vernichtung Karthagos ist die Strafe für seine *fides Punica*.

## 3. *Die Schlacht*

Auch hier sind wir viel besser über die Konzeption unterrichtet, als über die Realitäten.

*A) Taktik und Bewaffnung.* — Die Dichter halten vor allem einzelne Großtaten fest, die den Helden über den Gemeinen erhöht und ihm den ‚ewigen Ruhm' sichert. Deshalb beschränken sich die Kampfberichte im wesentlichen auf eine Folge von Zweikämpfen, dazu manchmal den Zusammenstoß eines Helden mit einem Haufen Feinden, denen er den Weg versperrt oder die er niederhaut. Um solche Großtaten zu vollenden, muß der Held vor allen Dingen der Gunst der Götter sicher sein; diese flößen ihm die ‚kriegerische Wut', die Überspanntheit des **ménos* ein, die die physische Kraft verzehnfacht. Damit dieser Trancezustand erreicht werden kann, muß das von der Herkunft verliehene kriegerische Charisma durch eine Unterweisung verstärkt und gepflegt werden, die wir zum Teil erkennen: die jungen Adligen konnten Geheimgesellschaften beitreten, die in die Kriegskunst einweihten (Zeremonien mit laut tönenden Instrumenten, Masken, Zielpuppen) und die manchmal die Lykanthropie betrieben: hier und da ist die Rede von Werwolfgesellschaften; die nordische Welt bietet eine entsprechende Form mit ihren Kriegern im Bärenfell, den Berserkern. Diese Krieger erwerben die Grausamkeit des Tieres, mit dem sie sich im Trancezustand identifizieren; ohne Schutzwaffen verhalten sie sich in der Schlacht nicht wie Soldaten, sondern wie wilde Tiere. Dennoch spielte diese spektakuläre Form der kriegerischen Funktion anscheinend eine nur beschränkte Rolle: kurze Sturmangriffe, Überfälle, Hinterhalte sowie alle Aktionen, die Schnelligkeit, Gewandtheit und Übersicht — die herkömmlichen Eigenschaften des auserlesenen Kriegers — erfordern (7). Aber die einzelnen Heldentaten reichten niemals aus, um den Sieg zu sichern, und übereinstimmende Formeln verweisen anscheinend auf die

Praxis der ‚Schlachtlinie', wo die Kämpfer wie in der Phalanx in Tuchfühlung stehen (8). Eine weitere Formel (9) bestätigt den militärischen Einsatz des Pferdes, **ekwo-wĭro-*, ein Kompositum, das das ‚Fuhrwesen' bezeichnet (die Kavallerie kam bekanntlich viel später auf). Mehrere Formeln erinnern an die Grundeigenschaft des Pferdes, an seine Schnelligkeit (10). Man kann sich den Vorteil gut vorstellen, den das Pferd gegenüber Gegner, die es nicht einsetzten, bringen konnte: die von ihm verschaffte Beweglichkeit ermöglicht, überfallartig anzugreifen, Truppen rasch an einem bestimmten Punkt zusammenzuziehen und somit, dem heroischen Ideal gemäß, einen zahlenmäßig stärkeren Feind zu besiegen. Wir können aber nicht feststellen, ob sie wie die Indier und Iraner im Streitwagen kämpften, oder ob sie ihn gleich den homerischen Kriegern, zur Fortbewegung benutzten. Wir können uns ebensowenig endgültig über die eingesetzten Waffen äußern: wahrscheinlich Schwerter, Äxte und Piken, die gehalten oder geworfen wurden. Eine poetische Formel hält das Bild des Schützen fest, der sich, ‚den Pfeil in der Hand' (11) zu schießen anschickt.

*B) Die dritte Funktion bei der Schlacht.* — Der irische Bericht von Mag Tureds zweiter Schlacht zeigt, daß der Kampf die dritte Funktion mobilisiert: der Schmied, der Handwerker, der Zimmermann liefern die Waffen und setzen sie intakt; der Arzt behandelt die Verwundeten, die Mundschenken bedienen die Kämpfer. G. Dumézil hat in der Mythologie festgestellt, daß nach dem Kampf der streitende Gott bei den Gottheiten der dritten Funktion wieder zu Kräften kommt (12): mythische Äußerung dieses Sachverhalts.

*C) Die erste Funktion bei der Schlacht.* — Der unter der Aufsicht der Götter ausgetragene Kampf betrifft ebenfalls die erste Funktion: in Mag Tureds zweiter Schlacht greifen auch die Zauberer ein, die den Feind um einen Teil seiner Kraft bringen, die Druiden, die auf ihn Feuerwalzen zurollen, und der Dichter, der ihm Spottreden und Zaubersprüche entgegenbringt usw. Es kommt sogar vor, daß die erste Funktion an der Schlacht aktiv beteiligt ist, indem sie zum oft entscheidenden irrationalen (man würde heute sagen: psychologischen) Faktor beiträgt. Die Alten haben die Bedeutung der Einschüchterung erkannt. So treten die germanischen *Harii* unter der erschreckenden Form eines „Gespensterzuges" („ihre Schilde sind schwarz, ihre Leiber sind bemalt"), „denn", schließt Tacitus (*Germania*, 43), „in allen Kämpfen erliegen zuerst die Augen".

Zahlreiche Zeugnisse und mehrere übereinstimmende Formeln bestätigen die Anwendung von Gebärdespielen, die den Gegner beeindrucken sollen. Horatius Cocles bannt den Feind durch den schreckenerregenden Blick seines einzigen Auges; und der Einarmige Mucius Scaevola treibt gleich seiner nordischen Entsprechung, dem Gott Tyr, was wir Vergiftung und Desinformation nennen. Die Geschichte des Einarmigen und des Einäugigen zeigt, schreibt G. Dumézil, „mit welchen Mitteln, Zeichen, Vorteilen und besonderen Listen der Zauberer und der Jurist ans Werk gehen, wenn sie dem Krieger beistehen, den außergewöhnliche Umstände, besonders furchtbare Feinde unzulänglich machen" (13). Diese Beteiligung der ersten Funktion am Krieg dokumentiert die ‚funktionalen Verschiebungen', die an mehreren Göttern, etwa dem awestischen Mithra und den nordischen Göttern Tyr und Odhin (S. 105), beobachtet wurden. Odhin ist der Gott der Berserker, und seine deutsche Entsprechung Wotan (‚der schwarze Jäger'), (S. 115) führt die Wilde Jagd an, mythisches Überbleibsel der rituellen Maskeraden jener heimlichen Kriegerzünfte. Alle diese Praktiken entfalten ein großes Risiko: die Gruppe von Druiden und Frauen, die mit ihren Fackeln und Verwünschungen die Römer zu beeindrucken versuchen, können es bezeugen (14); verlaufen aber diese Praktiken erfolgreich, so verwirklichen sie ganz und gar das heroische Ideal, allein oder mit wenigen Leuten über einen zahlenmäßig überlegenen

Gegner zu siegen: ein eindeutiger Beweis für den Wert des Helden und die Gunst der Götter.

*D) Die zweite Funktion bei der Schlacht.* — Die Schlacht ist in erster Linie das Betätigungsfeld der zweiten Funktion. In dem der Religion gewidmeten Kapitel legten wir bereits dar (S. 102), daß sie häufig von zwei antithetischen Gestalten verkörpert wird: die eine brutal und unbedacht, die andere ‚ritterlich' und gemessen. Den brutalen Krieger symbolisiert der Wind (*Vāyu*) in der indoiranischen Welt; aber die vedischen Marut, die Götter des Gewitters und des Sturms, sind zu Indras Helfern geworden. Die ‚maßvolle', ‚technische' Kriegstätigkeit dieses Gottes wird in seiner Verbindung mit den *Rbhu*, den indischen Entsprechungen der germanischen Elfen, offenbar. Der gleiche Kontrast zwischen dem (wirksamen) Maß und der (unwirksamen, widerwärtigen) Maßlosigkeit tritt in der griechischen Welt mit dem Gegensatzpaar Athena (Kriegerin und Technikerin) und Ares zutage. Dieser Kontrast ist ebenfalls in den menschlichen Paaren zu beobachten, die im Epos die göttlichen Paare der Mythologie übertragen: das gilt für *Arjuna* und *Bhīma* im indischen Mahābhārata und für Sanasar sowie Balthasar (15) im armenischen Epos. Ein anderer ist allerdings der Gegensatz zwischen dem gewöhnlichen und dem eingeweihten Krieger, die in der nordischen Welt jeweils von Thor und Odhin beschützt werden.

*Anmerkungen:*

1 *Ilias*, 2, 362—363, übers. v. Hans Rupé.

2 Tacitus, *Germania*, 7, 3, übertr. v. Arno Mauersberger.

3 Tacitus, *ebd*, 13. 1.

4 Sie wird durch das treaditionelle Epitheton **Hnr-gh$^{W}$én* ‚männertötend', Schmitt, *Dichtung* § 219.

5 G. Dumézil, *La religion romaine archaïque*², S. 425—431.

4 H. Scharfe, *JIES*, 6, 1978, S. 211f.

7 G. Dumézil, *Heur et malheur du guerrier*, passim.

8 R. Schmitt, *Dichtung*, § 245—250 erwähnt diese Beziehung, stimmt ihr aber nicht bei.

9 R. Schmitt, *Dichtungen*, § 442.

10 R. Schmitt, *Dichtungen*, § 501.

11 R. Schmitt, *Dichtungen*, § 357—358.

12 G. Dumézil, *Heur et malheur du guerrier*, S. 47.

13 G. Dumézil, *Heur et malheur du guerrier*, S. 49.

14 F. Le Roux, C. J. Guyonvarc'h, *Les Druides*², S. 29.

15 Ch. de Lamberterie, *Etudes indo-européennes*, 4, Januar 1983, S. 7f.

Sechstes Kapitel

# PRODUKTION UND REPRODUKTION

Souveräne Funktion und kriegerische Funktion gehören zum Bereich der Qualität, da sie auf einer begrenzten Elite, den **néres*, gründen. Mit der dritten Funktion, die Erzeugung, Fortpflanzung, Gesundheit, Wohlstand umfaßt, betreten wir den Bereich der Quantität: sie betrifft die breite Masse der **wīró-* ‚der Alltagsmenschen' und die Fülle der materiellen Güter. Der Begriff der Menge wird im Indoeuropäischen **reH₁í-* ausgedrückt, das nicht nur den Reichtum bezeichnet, sondern im allgemeinen die ‚Anzahl' (er ist ein Derivat von **reH₁-* ‚aufzählen', ‚abzählen', lat. *rēri*); der vedische Ausdruck *rayí-vírávat-* bedeutet ‚die große Anzahl der Alltagsmenschen'. C. Watkins (1) hat auf Grund einer keltischen Formel nachgewiesen, daß die Indoeuropäer diesen vielschichtigen Bereich in eine Reihe von Dualen unterteilten. Der erste ist die berühmte Formel **wīro-peku-* ‚Das gemeine Volk und das Vieh', das den gesamten Besitz bezeichnet. Wiederum unterteilt sich das Vieh (**péku-*) in Großvieh (Pferde, Rinder) und ‚Kleinvieh' (Schafe und Ziegen). Diese überlieferte Einteilung bestimmte die Gliederung dieses Kapitels.

## *1. Die breite Masse*

*A) Fruchtbarkeit.* — Wir haben mehrmals auf die Bedeutung hingewiesen, die der Nachkommenschaft in den Überlegungen der Indoeuropäer zukommt: sie stellt nicht nur eine Garantie für das Fortleben und die Stütze des postumen Ruhmes dar, sie ist in dieser Welt auch die Grundlage der Macht und die Gewißheit eines würdigen, gesicherten Lebensabends. Daher die Wünsche und Gebete für eine zahlreiche Nachkommenschaft. Sie ist außerdem eine Notwendigkeit für die Gruppe; daher die Vorkehrungen, die die Fortpflanzung fördern, von der Ehelosigkeit abbringen, Abtreibung und Homosexualität bekämpfen sollen.

*B) Die Gesundheit.* — Die Gesundheit steht im Mittelpunkt der Überlegungen: die göttlichen Vertreter der dritten

Funktion im vedischen Pantheon sind Medizinerzwillinge, die *Aśvin.* Einer der Bezirke des in Indien durch *Aryaman* dargestellten Hauptgottes der dritten Funktion ist die Gesundung. Ein jeder wünscht sich ein langes Leben (‚hundert Winter') und körperliche Unversehrtheit; aus diesen beiden Wünschen rief die zoroastrische Reform die beiden Wesenheiten hervor, die im neuen System die Aśvin ablösen: *Haurvatāt-* ‚Gesundheit' und *Ameretāt-* ‚Unsterblichkeit'. E. Benveniste hat die Existenz einer echten *medizinischen Lehre* bei den Indoeuropäern nachgewiesen (2), die sich wie viele andere Auffassungen auf das dreifunktionale Schema stützte: Man unterschied zwischen einer Medizin der Wasser und der Pflanzen, einer des Messers und einer der Formel, die als die edelste Form galt, da sie der ersten Funktion untersteht. Es handelt sich bestimmt um die Zaubermittel, die im geschichtlichen Zeitraum vielfach anzutreffen sind und die zum Teil formelhafte, auf die gemeinsame Zeit zurückgehende Übereinstimmungen aufweisen. Es handelt sich aber auch um die technischen Formeln der Heilkunst, die der künftige Mediziner auswendig lernen mußte, wie in der traditionellen indischen Medizin. Denn die indoeuropäische Praxis der Medizin, die durch die Wurzel **med-* ‚ermessen', ‚angemessene Maßnahmen treffen' bezeichnet wird, beschränkte sich auf Zauberformeln und magische Kniffe. Für den Mediziner wie für den Regierenden (auf dessen Aktivität die Wurzel **med-* ebenfalls hinweist), für den Juristen wie für den Dichter geht es darum, die ‚richtige', ‚angemessene' Formel zu finden. Sofern der Mensch in seiner unteilbaren Totalität zu behandeln ist, die sich aber (S.      ) auf die drei Funktionen verteilt, spiegelt die Medizin die Artikulation des Gegenstands wider, auf den sie angewandt wird.

## *2. Die Haustiere und ihre Zucht*

*A) Das Schwein.* — Im alten Rom, erinnert Ovid (*Fastes*, 6, 179 f), „schätzte man das Schwein und schlachtete ein

Schwein zum Fest, die Erde gab nur Bohnen und harten Spelt"; auch bei den Kelten war das Schwein das Haustier par excellence; das ‚Stück des Helden' (S. 28) war ein Schinken. Da das vedische Indien das Hausschwein nicht kennt, glaubte man eine Zeit lang, daß die Indoeuropäer es ebenfalls nicht kennen würden und daß **sū-* lediglich das Wildschwein bezeichne; mittlerweile hat E. Benveniste nachgewiesen, daß dieses Wort sich auch auf das Hausschwein bezieht und daß **porko* das Ferkel (3) bezeichnet. Da dieses Wort nachweislich auch auf den gemeinsamen Zeitabschnitt zurückgeht, haben die Indoeuropäer demnach offenbar die Schweinezucht betrieben, was mit der Bedeutung der Eiche in ihrem Vokabular und ihrer Kultur übereinstimmt. Mehrere Wörter wurden für die Eiche rekonstruiert, darunter eines, **pérk-u-* ‚der (vom Blitz) getroffene Baum', was mit einem bedeutenden kosmogonischen Mythos (S. 49) zusammenhängt.

*B) Das Rind.* — Das Rind nimmt durch seine Produkte (Milch, Leder, Fleisch) und die von ihm geleistete Arbeit ebenfalls einen bedeutenden Platz im Leben der Indoeuropäer ein. Mehrere Formeln bestätigen es, insbesondere jene, die das eheliche Band mit einem Ochsengespann vergleicht. Die Rinderzucht ist eine sehr gute Einnahmequelle; das Hüten der Rinderherden und die Raubzüge gehören zu den wichtigsten Beschäftigungen der Krieger.

*C) Das Pferd.* — Die Indoeuropäer kannten das Pferd, das sie **ékwo-* nennen. Die formelhafte Verbindung **ékwo-wĭro-* ‚Menschen und Pferde', die das Fuhrwesen bezeichnet, zeigt, daß es sich wohl um das domestizierte Pferd handelt. Diese Tatsache ist für die Lokalisierung ihrer Heimat von großer Bedeutung (4). Wenn die Grundbedeutung der die Domestizierung bezeichnenden Wurzel **demH-*$_2$ (hethitisch *damaš-*) ‚zwingen' ist, kann man unterstellen, daß sie zunächst die schwierige Dressur des Wildpferdes betraf.

*D) Schafe und Ziegen.* — Das Wollvieh wird **péku-* genannt; trotz E. Benvenistes zahlreicher Einwände muß die traditionelle Verbindung mit der Wurzel **pek-* beibehalten werden: es ist ‚das Tier, dem *die Wolle entrissen wird*'; das Schaffell heißt ‚was man ausreißt' (*pék-e/os-*), die Wolle ‚was man zieht' (**wlHnā-*). Erst ab **wīro-peku-* ‚Menschen, Kleinvieh' erhielt **péku-* die Bedeutung von ‚Vieh' im allgemeinen, da es in diesem Ausdruck nicht nur Schafe und Ziegen, sondern auch das Großvieh darstellt. Im übertragenen Sinne bezeichnete dieses Wort das Vermögen in Geld, als dieses zum Zahlungsmittel wurde; es bezeichnete aber zu keiner Zeit die übrigen Formen des beweglichen Vermögens.

*E) Der Hund.* (**kwen-*) wird zur Hütung des Kleinviehs (**péku ser-*) (5) eingesetzt. Daher möglicherweise sein Name.

*F)* Die *Geflügelzucht* hinterließ kaum Spuren im Wortschatz; die Bezeichnung der Gans, **ghans-*, und die der Ente, **anHt-*, beziehen sich zunächst auf die wilde Stammform des Tieres.

*G)* Den *Honig* der wilden Bienen sammelte man aus hohlen Bäumen, um ihn unbehandelt zu verzehren oder aus ihm den vergorenen Honigwein oder Met, **médhu-*, zu gewinnen.

### *3. Die Landwirtschaft*

Lange Zeit war man der Ansicht, daß die Indoeuropäer ausschließlich Viehzucht trieben und den Ackerbau, dessen Terminologie auf die europäischen Sprachen beschränkt zu sein schien, nicht kannten; das trifft in der Tat für mehrere wichtige Wörter zu, wie das Verb ‚pflügen, ackern' *$arH_3$-*; die die Tätigkeit des ‚Säens' bezeichnende Wurzel *$seH_1$*, deren ursprüngliche Bedeutung ,eindrücken' (daher ,Korn für Korn säen' und ,pflanzen') lautet, ist allerdings in der indischen Bezeichnung des ,Pflugs', *sírā-*, und der ,Furche', *sítā-*, ,wieder anzutreffen. Die Beherrschung des Ackerbaus darf den Indoeuropäern demnach nicht mehr abgesprochen werden, auch wenn er anscheinend wenig verbreitet war. Wir können nicht die Nutzpflanzen bestimmen, die sie anbauten; das Wort **yéwo-* scheint der Gattungsname für ,Getreide' zu sein. Man rekonstruiert ebenfalls Verben mit der Bedeutung ,das Korn zermalmen', ,mahlen', sowie den Begriff des ,Mühlsteins'. Eine einzige Obstbaumbezeichnung, die des ,Apfelbaums', ist belegt und zwar nur in den Sprachen Nord-und Westeuropas. Fleisch und Milchprodukte mußten einen besonderen Platz in der Ernährung einnehmen, aber Gemüse, Korn und möglicherweise Obst, fehlten nicht. Man kannte schon das Salz.

## 4. *Das Gewerbe*

Die Indoeuropäer betrieben die mit der Wurzel **dheygh-* (lat. *fingere*) bezeichnete Töpferei (6), die sie mit Einkerbungen (**peyk-*) verzierten; sie bearbeiteten die Edelmetalle durch Hämmern und wandten die Warmbearbeitung des Kupfers an, dessen Name, **áyes-*, als das ausgelegt werden kann, ,was man heiß macht'. Man beherrschte das Spinnen (**sne$H_1$-*) der Wolle, das Weben (**webh-*) der Wolle und des Leinens mit Hilfe eines Webstuhls (**sté$H_2$mn-*) und das Nähen (**syū-*) (7). Die Holzverarbeitung wird mit der Wurzel **tek^s-* bezeichnet, die ursprünglich anscheinend das Geflecht bezeichnete, bevor sie sich hier auf die Verbindung (im Balkenwerk und in der Tischlerei), dort auf die Flechterei, dann auf das Weben (lat. *texere*) bezog. Das Holz dient zum Bau des (Streit-) Wagens (**rót$H_2$-o-* ,was Räder hat': im Gegensatz zum Schlitten?), des Boots (**nǟw-*), der Waffen und Werkzeuge sowie des Hauses.

## 5. *Die Wohnstätte*

Der Ackerbau und die Schweinezucht bezeugen eine relativ seßhafte Lebensweise, was mit der vorgenommenen Deutung der Bezeichnungen ‚Familie' und ‚Sippe' (S. 65f.) übereinstimmt. Wir können annehmen, daß die Bauten aus Holzpfählen bestanden, die in die Erde eingerammt wurden, daher die lateinische Bezeichnung der ‚Mauer' **moyro-* aus der Wurzel **mey-* ‚einschlagen, festmachen'; die Zwischenräume waren mit einem Lehmverputz gestopft, wie die griechische Bezeichnung der ‚Mauer', *teichos* (aus der Wurzel **dheygh-*, die ebenfalls die Arbeit des Töpfers nennt. Wir konnten feststellen, daß die Bezeichnung der ‚Sippe' ein ‚Dörfer' umfassendes Siedlungsgebiet andeutet, die jeweils mit einem Pfahlwerk umgeben waren; aber die Stadt kennt man noch nicht: die Stammform der griechischen Bezeichnung der ‚Stadt', *$plh_1$ (i)-*, bezeichnet eine ‚Burg', eine ‚Schanze', die durch eine Aufschüttung (*$plH_1$- ‚schütten') von Erde errichtet wird. Das homerische Haus dem isländischen gegenüberstellend, vertritt L. R. Palmer die Auffassung, daß mehrere Besonderheiten (vor allem das im Erdboden eingesenkte *megaron*) auf den gemeinsamen indoeuropäischen Zeitabschnitt zurückgehen.

### *Anmerkungen:*

1 C. Watkins, *Hethitisch und Indogermanisch*, hrsg. v. E. Neu und W. Meid, S. 269—287.

2 E. Benveniste, *Revue de l'Histoire des Religions*, 130, 1945, S. 5—12; diese Auffassung wurde von J. Puhvel, *Indo-European and Indo-Europeans*, S. 369—382, bestätigt und weiterentwickelt.

3 E. Benveniste, *Le vocabulaire des institutions indo-européennes*, 1, 1. Kapitel.

4 Über die Einführung des Hauspferdes in Europa vgl. S. Bökönyi, *JIES*, 6, 1978, S. 17—76.

[5] R. Schmitt, *Dichtung*, § 536.

[6] Ursprünglich ohne Scheibe, daher die Bezeichnung durch eine Wurzel, die ebenfalls ‚einstreichen' **dheygh-* bedeutet.

[7] Über diese Frage vgl. E. J. W. Barber, *JIES*, 3, 1975, S. 294—320.

Siebentes Kapitel

# DIE URHEIMAT DER INDOEUROPÄER

Mit diesem neuen Kapitel wechselt auch der Gegenstand der Untersuchung. Es geht nicht mehr darum, mit den Methoden der linguistischen Paläontologie eine *virtuelle*, zeitlich und räumlich gebundene *Kultur* zu rekonstruieren, sondern ein *reelles Volk* zu identifizieren, das zu einer bestimmten Zeit und in einem bestimmten Raum lebte. Um dieses Ziel zu erreichen, müssen wir die Methoden und Ergebnisse der Vorgeschichtsforschung sowie der physischen Anthropologie mit denen der Linguistik verknüpfen. Diese Zusammenarbeit kann auf zwei Wegen erfolgen: Wir können von der Erforschung der einzelnen prähistorischen Fundorte ausgehen und über die Kultur und die Sprache der entsprechenden Bevölkerungen nachdenken; wir können auch von der rekonstruierten Sprache bzw. Kultur ausgehen und sie zeitlich und räumlich bestimmen. Es handelt sich um zwei gleichermaßen notwendige Klärungswege, die allerdings der gleichen Schwierigkeit gegenüberstehen: nämlich Disziplinen zu vereinen, deren Techniken, Methoden und gar Untersuchungsgegenstand verschieden sind. Es ist dennoch kein hoffnungsloses Unternehmen: wir können beispielsweise erfragen, welche Sprache die Menschen der Latènezeit (Kultur aus dem zweiten Abschnitt der Eisenzeit) benutzten, und mit Sicherheit antworten, daß sie keltisch sprachen. Und versuchen wir das Keltische im 4. Jahrhundert vor unserer Zeitrechnung räumlich bestimmen, so können wir auch mit Sicherheit behaupten, daß mindestens ein Teil der Sprechenden in La Tène zu finden war. Die latènischen Kelten werden mit einer Kultur aus dem ersten Abschnitt der Eisenzeit, der Hallstattkultur (1), in Beziehung gebracht.

Die Sprachen, Ethnien und prähistorischen Fundorte in Beziehung zu bringen, ist somit keine unlösbare, geschweige denn eine falsche Problemstellung. Der bisher angewandten Untersuchungsmethode gemäß werden wir auf Grund der linguistischen Daten folgende grundlegende Fragen erörtern: Wann bildeten die Indoeuropäer eine Einheit? Wo befand sich ihre Gemeinschaft? Wer waren sie?

# I. — DATIERUNG DER INDOEUROPÄISCHEN GEMEINSCHAFT

Mit Hilfe der linguistischen Paläontologie ist es möglich, die indoeuropäische Gemeinschaft zeitlich, oder vielmehr in der Geschichte der Techniken, zu bestimmen. Zwei Begriffe, **ákmen-* und **áyes-* liefern diesbezüglich genaue Angaben, wenn man ihre Bildung in Betracht zieht: **ákmen-*, das zugleich den ‚Amboß' und den ‚Stein' bezeichnet, ist ein Derivat in *-*men*- von der Wurzel **ak*- ‚scharf', ‚Schärfe'; dieses Substantiv konnte nur in einer Kultur zustande kommen, wo der Amboß ‚was zum Schärfen dient' und der Stein ‚was geschärft wird' (2) bekannt sind. Es handelt sich zwangsläufig um eine frühe Stufe des Neolithikums, wo das Metallschleifen noch nicht praktiziert wird, sonst hätte der Stein nicht so bezeichnet werden können. Die Bezeichnung des ‚Kupfers', dann der ‚Bronze' **áyes-*, setzt das Ende des gemeinsamen Zeitabschnitts fest. Dieses Substantiv, ein Derivat in **e/os-* (demnach mit mediopassivem Wert) von einer Wurzel **ay-* ‚Feuer anzünden', ‚heizen', bezeichnet das Kupfer als das Metall, das man durch Erhitzen bearbeitet; es verweist also auf die zweite Entwicklungsstufe der Kupfermetallurgie, da das Metall erhitzt wird, bevor man es zur Härtung hämmert. Es konnte weiterhin das bis zur Schmelzung erhitzte Kupfer benennen, dann die Bronze, die sich davon ursprünglich lediglich durch seine Zusätze (Arsen, dann Zinn) unterscheidet, und sogar das Eisen, dessen Bezeichnung in allen indoeuropäischen Sprachen später aufkam. Wenn feststünde, daß die andere Bezeichnung des ‚Kupfers' **rowdho-*, von der Wurzel **rewdh-* ‚rot' abgeleitet ist, so müßten wir in **áyes-* eine Bezeichnung der ‚Bronze' sehen, die sich in der Farbe vom Kupfer unterscheidet. Es ist aber wahrscheinlich ein Lehnwort, das auf etwas Derartiges nicht hinweist. Im Kuprolithikum ist demnach das Endstadium der Gemeinschaft festzusetzen, deren Anfangszeit mindestens bis in die frühe Stufe des Neolithikums reicht.

## II. — DAS ZENTRUM DER VERBREITUNG DER INDOEUROPÄER

Unter den einzelnen kuprolithischen Fundorten müssen wir noch denjenigen ermitteln, der das Ausbreitungszentrum der Indoeuropäer, das heißt ihre letzte gemeinsame Heimat gebildet haben könnte.

### 1. Nicht in Betracht kommende Gebiete

Die Daten der linguistischen Paläontologie tragen dazu bei, alle Regionen mit warmem Klima auszuschließen, insbesondere die mediterranen Gebiete, deren charakteristische Vegetation im indoeuropäischen Wortschatz überhaupt nicht auftaucht. Die am nördlichsten (etwa Skandinavien) und am östlichsten (z. B. Nordrußland) liegenden Gebiete kommen wegen der sogenannten ‚Buchenlinie' (3) ebensowenig in Frage. Westeuropa entdeckte das Kupfer erst spät. Sein Kupfer stammt aus Spanien, einer Region, die vom Klima her nicht berücksichtigt werden kann. Die Daten der linguistischen Paläontologie werden von den Überlieferungen häufig bekräftigt; die Veden und die Brāhmanas erwähnen die arische Völkerwanderung nach Indien, die mythische Geschichte Irlands kennt sieben Wellen von Eindringlingen. Es ist allerdings nicht möglich, ihren Zeugnissen blindlings zu trauen: die trojanische Sage in Rom ist ebensowenig fundiert wie der griechische Mythos von der Autochtonie. Unter Berücksichtigung all dieser Überlegungen sind die möglichen Standorte auf Mittel- und Nordeuropa (mit Ausnahme Skandinaviens) sowie auf Südrußland beschränkt.

### 2. Die möglichen Standorte

*A) Mitteleuropa.* — Im 5. Jahrtausend erstreckte sich über Mitteleuropa und die Balkanhalbinsel eine neolithische

Kultur, die bald die Kupferarbeit kannte. Sie „erscheint höchst homogen in den riesigen Gebieten, die sich von der Rheinebene bis zur westlichen Ukraine erstreckt; sie wird nach dem Lieblingsdekor ihrer Töpferwaren Schnurkeramik-Kultur genannt" (5). Hinsichtlich der materiellen Zivilisation, der Ökologie sowie des migratorischen Wesens seiner Bevölkerung würde dieser Landschaftskomplex zu dem passen, was wir von den Indoeuropäern annehmen; mehrere Autoren, darunter P. Bosch Gimpera (6), zogen ihn tatsächlich in Betracht. „Die Aggregation, die zur Bildung der indoeuropäischen Völker führte, tritt im neolithischen Milieu wahrscheinlich im 5. Jahrtausend in Erscheinung. Diese Rolle übernehmen möglicherweise die ethnischen Gruppen Mitteleuropas. Eine dieser Gruppen kam aus der heutigen Tschechoslowakei und dem benachbarten Gebiete, wo die donauländische Kultur entstand".

Der besagte Landschaftskomplex wäre somit zugleich die Urheimat und das Zentrum der Verbreitung. Aber der soziale Egalitarismus, den Wohnstätte und Bestattung widerspiegeln, sowie das Fehlen kriegerischer Züge bringen sie näher an die Donauländer des balkanischen ‚Alteuropas', das schon durch den Kult einer obersten Muttergöttin offenbar nicht indoeuropäisch ist.

*B) Nordeuropa.* — Nahezu alle Autoren sehen Indoeuropäer in jenen kriegerischen Hirten, den Trägern der Schnurkeramik- und der Streitaxtkultur, die ferner durch Einzelgräber unter einem ringförmigen Tumulus (Grabhügel) gekennzeichnet sind. Sie breiten sich auf ganz Nordeuropa aus, parallel zu den Trägern der Glockenbecherkultur, „vom Rhein bis zum Oberlauf der Wolga und von Finnland bis zu den Alpen und den Karpaten" (7) am Ende des 3. Jahrtausends. Diese Lokalisierung ist aber viel zu ungenau und der Zeitpunkt liegt zu spät, als daß sie das gesuchte Ausbreitungszentrum liefern könnte.

Über den Ursprung dieser Kultur werden zwei Hypothesen aufgestellt: entweder handelt es sich um „eine

Rückkehr zum Pastoralismus" (8) der einheimischen Bevölkerung oder um „das Eindringen einer pastoral ausgeprägten Kultur" (9) aus Südrußland. Die erste Hypothese brachte unlängst L. Kilian erneut vor (9a), der die Schnurkaramikkultur des 3. Jahrtausends mit der Trichterbecherkultur aus dem 5. Jahrtausend und dadurch mit der mesolithischen Tradition Nordeuropas (Ertbölle- und Ellerbeckkultur in der Verlängerung der Maglemosekultur) in Zusammenhang setzt. Es ist allerdings nicht möglich, sich über das indoeuropäische Wesen einer mesolithischen Kultur zu äußern: die für ein indoeuropäisches Volk vorausgesetzte Charakteristika fehlen dort zwangsläufig. Aber die neolithische Trichterbecherkultur entspricht dem Bild, das die Tradition und die linguistische Paläonthologie von einem indoeuropäischen Volk vermitteln: dort trifft man sowohl auf die Viehzucht und den Ackerbau wie auch auf das Pferd, den (Streit-) Wagen, die Streitaxt, befestigte Orte und die Spuren einer hierarchisierten Gesellschaft.

*C) Südrußland*

*a)* Die östliche Herkunft des die Schnurkeramikkultur tragenden Volkes wurde bereits 1890 von O. Schrader (10) verfochten und nacheinander von S. Feist (11), V. Gordon Childe (12), T. Sulimirski (13) und G. Poisson (14) erörtert. „Nördlich des Pontus und des Kaspischen Meeres erstreckt sich ein Gebiet, das doppelt so groß wie das heutige Frankreich ist: das südrussische Steppengebiet; es mündet östlich in die riesigen, bis zum zentralasiatischen Hochland reichenden Steppen und Wüsten, wird nördlich von der Hügel- und Waldlandschaft Mittelrußlands begrenzt und westlich mit den bewaldeten Randgebieten der Karpaten verbunden" (15). Aufgrund der seitdem in diesem Gebiet durchgeführten Ausgrabungen bekräftigte M. Gimbutas diese Hypothese in einem Buch (16) und in einer Reihe von Artikeln (17).

*b) Die kuprolithischen Landschaften Südrußlands.* — M. Gimbutas zufolge (18) besteht eine Kontinuität zwischen den

Kulturen von Srednij Stog II, die um 4400 (‚Kurgan I') aufgekommen und um 3400 (‚Kurgan II') zum Abschluß gekommen sein soll, von Usatovo-Mikhajlovka (‚Kurgan III', 3500—2900) und von Jamna (‚Kurgan IV', 3. Jahrtausend). Diese einzelnen Kulturen werden nach der (für mehrere von ihnen) typischen Bestattungsform, dem runden Grabhügel (russisch *kurgán*) genannt, der bei den Trägern der Schnurkeramik wieder anzutreffen ist. Sie haben aber weitere Elemente gemeinsam, die mit Hilfe der linguistischen Paläonthologie den Indoeuropäern zugeschrieben werden können: „Eine patriarchalische Gesellschaftsform, ein Klassensystem, kleine tribale Verbände mit mächtigen Vorstehern, eine auf Herdenzucht angelegte Wirtschaft, die Pferdezucht und Ackerbau einschließt; Baumerkmale, wie kleine rechteckige Pfahlhütten, die unter- oder oberirdisch gelegen sind, Kleindörfer und wuchtige Burgen; eine grobe, unbemalte, mit Eindrücken oder Einkerbungen verzierte Keramik; religiöse Elemente, die auf einen Gott Himmel/Sonne und auf einen Gott Donner hinweisen; Pferdeopfer und Feuerkulte" (19).

Wir können leicht nachprüfen, daß alle diese Merkmale den Indoeuropäern auf völlig anderen Grundlagen zugeschrieben wurden. Drei Invasionswellen wären von diesem Gebiet ausgegangen; die erste um 4400—4300 hätte die Zerstörung von Karanovo IV (Bulgarien) verursacht und hätte mit Cucuteni A (Moldau)-Tripolje B1 (UKraine) koexistiert, bevor sie die Schnurkeramik und die Streitäxte nach Nordeuropa einführte. Dennoch sind sich die Archäologen nicht ganz einig über die Chronologie der einzelnen, in Betracht gezogenen Landschaften, auch nicht über ihre Verkettung und ihre Verbindung mit der Schnurkeramik (20).

*c) Die Wanderung der Arier.* — Die Arier sind wahrscheinlich vom Standort Jamna ausgezogen, im Flußbecken der Wolga, der *Ranhā* im *Awesta*, die in das Meer *Vouru.kaša* (das Kaspische Meer) mündet. Bereits Ende des 3. Jahrtausends kommt in Tepe Hissar (Turkmenistan) eine schwarze unverzierte Keramik auf; sie kommt mit geigenförmigen weiblichen Idolen in Verbindung, aber auch und vor allem mit Bronzewaffen, dem Pferd, dem Kampfwagen und dem Signalhorn, dessen Bedeutung für die Steuerung innerhalb des Fuhrwesens R. Ghirsman (21) hervorgehoben hat. Man kann ihr allmähliches Vordringen Richtung Süden verfolgen. Ein Zweig der Indoarier bewegt sich nach Westen, um sich an die Spitze des Mitanni-Reichs zu setzen; währenddessen setzen die anderen ihren Weg nach Indien fort, wo die ersten zu Beginn des 2. Jahrtausends eintreffen werden (22). Die Iraner lassen sich im Iran nieder. Andere Arier waren in nordöstliche Richtung gezogen: man entdeckte eine ihrer Grabstätten am Fluß Sintashta in der transuralischen Steppe (23).

*d) Die Bildung der indoeuropäischen Völker Europas.* — Es ist schwierig, diese Bildung im einzelnen nachzuvollziehen. Das von den ersten Komparatisten erstellte Modell des Stammbaums eignet sich ebensowenig für die Entwicklung der Völker wie für die der Sprachen, sofern es die jüngsten Diskontinuitäten an die Stelle der früheren Kontinuitäten setzt. Nun aber hob H. Krahe die Einheit der europäischen Hydronymie hervor: von der Ostsee bis Spanien tauchen die Flüssenamen in unveränderter Form auf. W. P. Schmidt (24) wies nach, daß das ‚Alteuropäische', das Krahe zur Begründung dieses Umstands postulierte, nichts anderes, als das noch undifferenzierte Indoeuropäische ist. Zu diesem Zeitpunkt gibt es noch keine ‚Proto-Balten', keine ‚Proto-Germanen' oder ‚Proto-Kelten', sondern eine erste Welle von Indoeuropäern. Die Dialektisierung erfolgte später, nach dem Aussterben der Zwischenmundarten differenzierten sich die Sprachen im gleichen Maße, wie sich die Völker entwickelten; wir konnten feststellen, daß Sprachen und Völker zum Teil sinnverwandte Wörter sind. Die Dialektologie der indoeuropäischen Sprache Europas kann demnach nur indirekt über die Entwicklung der Völker unterrichten; allerdings muß ihre Aussage noch M. Gimbutas' Hypothese (25) der drei Invasionswellen gegenübergestellt werden. So hatten die „wahrscheinlich aus der Donauebene stammenden Kelten möglicherweise als entfernte Vorfahren die Menschen der letzten Invasionswelle der Kurgan-Kultur“ (26).

## *III. — ULTIMA THULE*

Was den Ort der Entwicklung des indoeuropäischen Volkes betrifft, weisen mehrere Indizien auf den Norden; verschiedene Traditionen stimmen diesbezüglich überein. Im Anfang waren „die *Tuatha Dé Danann* auf den Inseln im nördlichen Teil der Welt, befaßten sich mit Wissenschaft und Magie, mit Druidismus und Kunst" (27). Diese ‚segensreichen' Inseln, Aufenthaltsort der Seligen, liegen nahe am Pol, wie jene Ogygia-Insel, „wo man die Mitternachtssonne sah" (28). Am anderen Endes des Bereichs entspricht dem der *Veda*, und in stärkerem Maße das *Awesta:* diese „Heimat der Arier", die ursprünglich „das allerbeste Land" war, wo aber heute der Winter zehn Monate dauert, deutet unwiderstehlich auf den Großen Norden hin. Die Homologie zwischen dem vierundzwanzigstündigen Tag und dem Jahr ist nur dann zu begreifen, wenn letzteres sich aus einem langen Tag und aus einer langen Nacht zusammensetzt. Diese ‚lange Nacht' gehört den Dämonen: „Wenn die Sonne nicht aufgeht, zerstören die Dämonen alles, was in den sieben Teilen der Welt besteht" (*Yt.*, 6. 3); diese Formel paßt zugegeben besser zu einer Polarnacht als zu einem finsteren Tag unserer Gegenden. Diese Überlieferungen hatten einst Tilak dazu bewogen, bei allgemeiner Skepsis die Hypothese einer zirkumpolaren Heimat der Indoeuropäer (29) aufzustellen. E. Krause (29a) war von anderen Voraussetzungen aus zum gleichen Schluß gelangt. Es hat sich mittlerweile bestätigt, daß der ‚langen' Polarnacht eine grundlegende Bedeutung in der Weltanschauung der Indoeuropäer zukommt. Ursprünglich erstreckt sich dieser nächtliche Teil über mehr als zwei Monate: daher die zehnmonatigen Mondjahre, wie das römische und das germanische Jahr der Anfänge. Dieser nächtliche Teil beschränkte sich auf zwölf Tage, bestimmt aus Gründen der Homologie mit den zwölf Monaten des lunisolaren Jahres: den Zwölf Tagen der germanischen und der keltischen Folklore entsprechen die zwölf Tage, die die *Rbhus* (vedische Götter des Jahreszyklus, deren Namen dem der germanischen *Alfen* entspricht) bei *Agohya*-Sonne ‚der nicht verborgen bleiben darf' schlafend verbringen, sowie die zwölf Tage, an denen die Götter Homers bei den Äthiopiern schmausen. Daher auch die Bedeutung der Aurora-Mythologie, insbesondere der Mythen von der gefangengenen oder befreiten Aurora, die wenig Sinn hätten, wenn es sich um die tägliche Morgenröte handelte.

Tilaks Hypothese wurde unlängst von einem namhaften Prähistoriker (F. Bourdier) wieder in Betracht gezogen, allerdings unter ganz anderen Voraussetzungen. „Um das 12. Jahrtausend vor unserer Zeitrechnung setzt die unsere heutige Zeit kennzeichnende klimatische Erwärmung ein; das Post-Würm der Geologen. Die erste Phase ist unbeständig und erlebt (zwischen dem 10. und dem 8. Jahrtausend) eine zweifache Rückkehr der Kälte. Wir können annehmen, daß nach Ende der Würmeiszeit Menschen, die an das Wild der Schneesteppen gut angepaßt waren, den Rentieren in die nunmehr gletscherfreien periarktischen Ebenen nachziehen konnten; es bestand damals möglicherweise bereits eine Art Symbiose zwischen Rentierherde und Menschenschar wie später im europäischen Großen Norden. Waren diese nordischen Einwanderer der Grundstock der Indoeuropäer? Die künftigen Ausgrabungen im periarktischen Bereich und eine schärfere vergleichende Linguistik werden vielleicht eine Antwort auf diese Frage geben" (30).

F. Bourdier bringt eine bestimmte Anregung: „Wir dürfen annehmen, daß sie (die indoeuropäischen Sprachen) ursprünglich von einem Volk gesprochen wurden, das sich in den zirkumpolaren Gebieten bewegte und sowohl für die Viehzucht wie auch für die Jagd hierarchisch organisiert war. Gérard Bailloud (31) hat ein solches Volk geschildert, das Tongefäße mit konischem Boden benutzte und häufig

Wanderungen in Richtung euroasiatischen Süden unternommen habe“ (32).

Am Schluß dieser Untersuchung sind wir somit einem mesolithischen, eigentlich subneolithischen (die Keramik ist nämlich bereits bekannt) Jägervolk auf der Spur. Der indoeuropäische Wortschatz enthält einige Überbleibsel aus der Sprache eines Jägervolkes. A. Scherer unterstrich es in seiner Untersuchung (33) über den Namen der Bärensternbilder (deren Form das Tier nicht evoziert); die Bedeutung der Wurzel *sek$^{W}$- ‚die Spur verfolgen‘ (daher ‚folgen‘, ‚sehen‘ und ‚erzählen‘) wäre ebenfalls damit zu erklären.

Es ist demnach nicht ausgeschlossen, die Bildung der indoeuropäischen Ethnie bis in das Jungpaläolithikum zurückzuverlegen, wie H. Kühn (34), der die Indoeuropäer den Magdaleniern gleichsetzte, und nach ihm V. I. Georgiev (35) es verfochten.

## IV. — GEOGRAPHISCHER DETERMINISMUS UND KULTURWAHL

Die Relation zwischen dem Lebensmodus der Indoeuropäer und ihrer Ideologie wird oft umgekehrt. Den Kontrast zwischen dem Ackerbau treibenden, friedfertigen, egalitären ‚Alteuropa' und den Viehherden hütenden, kriegerischen, aristokratischen Indoeuropäern formulierte M. Gimbutas (36) folgendermaßen: „Eine auf Ackerbau, die andere auf Viehzucht und Weidenutzung beruhende Wirtschaftsform riefen zwei unterschiedliche Ideologien hervor". Die so aufgestellte Relation hat keinen Sinn. Ureuropa wurde nämlich nicht gezwungen, den Ackerbau zu bevorzugen; das Kurganvolk wurde ebensowenig daran gehindert, sich ihm ausschließlich zu widmen: der ukrainische Boden eignet sich nämlich dafür; ihre Mentalität offenbar aber nicht. Man muß auch nicht klimatische Veränderungen heranziehen, um die Wanderungen der Indoeuropäer zu erklären. Ihre Liebe für weite Räume, ihr Wille zu herrschen und ihre Hoffung auf eine zahlreiche Nachkommenschaft ließen sich nur unter der Bedingung vereinbaren, daß die überschüssige Bevölkerung Ruhm, Macht und Glück woanders suchte. Der Brauch des *ver sacrum*, der eine Generation zum erobernden Abenteuer bestimmt, ist die Ritualisierung dieser *Lebensnotwendigkeit*. Damit der Staat gedeiht, sagen die Brāhmanas, muß die Zahl der Esser niedriger sein als die der Gegessenen; neue Gebiete und neue Untertanen mußten demnach ständig erobert werden. Deshalb treffen wir nahezu überall auf indoeuropäische Dynastien, die über einzelne Fremdvölker herrschen, wie die arischen Mitanni-Herrscher. Das Klima hat damit nichts zu tun: es stand ihnen frei, in der heimatlichen Enge zu bleiben oder die Bevölkerung zu begrenzen; das wären aber Lösungen gewesen, mit denen sich ihr ‚Herren-Charakter' (**ménos nérom*, S. 25) nicht abgefunden hätte.

# V. — DER PHYSISCHE TYPUS DER INDOEUROPÄER

Seit über einem Jahrhundert haben die Linguisten immer wieder behauptet, daß der Begriff des Indoeuropäichen sich auf eine Sprachgemeinschaft bezieht, die keine rassische Homogenität bedinge. Der Ausdruck ‚indoeuropäische Rasse' mag zwar unangemessen sein; es ist dennoch legitim, die von den Sprechenden dargestellten physischen Merkmale bestimmen zu wollen. Dazu verfügen wir über zwei Informationsquellen: die anthropologische Untersuchung der Menschenknochen, die in (aus anderen Gründen) als indoeuropäisch geltenden Fundorten ausgegraben wurden; die Zeugnisse der frühen Texte und bildlichen Dokumente. Diese zweite Quelle hat den Vorteil, von keiner Hypothese abhängig zu sein. Nun treffen diese Zeugnisse übereinstimmend auf die Nordvölker zu, wenn nicht auf das gesamte Volk, so doch auf seine Oberschichten.

Die Germanen würden, so Tacitus, den ersten Fall veranschaulichen: „Ich selbst schließe mich den Meinungen derer an, die glauben, daß die Stämme Germaniens — in keiner Weise durch eheliche Verbindungen mit anderen Völkern verfälscht — ein eigenwüchsiges, reines Volk von unvergleichlicher Eigenart sind. Darum ist auch die äußere Erscheinung trotz der großen Zahl von Menschen bei allen die gleiche: alle haben trotzige, blaue Augen, rotblondes Haar und hünenhafte Leiber" (*Germania*, IV). Die moderne Anthropologie hat dieses Urteil allerdings korrigiert (37). Bei den Kelten „trifft man seltener auf das klassische Ideal des großen starken Kelten mit blondem Schopf und milchweißer Haut" (38). Das liegt — nach Auffassung derselben Autoren — daran, daß „die Kelten in ihren einzelnen Staaten nur eine aristokratische und kriegerische Minorität waren". Der Brauch des Haarbleichens weist auf die soziale Bedeutung des physischen Typus hin.

Dieser Umstand ist noch mehr ausgeprägt im vedischen Indien, wo Indra, der blonde Gott (*hári-*) den arischen Kriegern den Sieg über ihre dunkelhäutigen Gegner, die ‚nasenlosen' *dāsá-* gibt; letztere bilden die dämonische Rasse der Finsternis, wie die *Fomore* der irischen Sage. Das Weiß der Haut ist nämlich die des Licht- bzw. Tageshimmels, während die schwarze Farbe zum Nachthimmel und zur Hölle gehört. Die Übereinstimmung zwischen physischem Typus und sozialem Status kommt im *Merkgedicht von Rig (Edda)* zum Ausdruck: Jarl der Adlige ist hellblond („Licht war sein Haar, hell die Wange"), Karl der Freie ist rothaarig und hat frische Wangen, Thraell der Knecht ist dunkelhäutig. Obwohl blonde Haare in Armenien selten vorkommen, erwähnt das armenische Volksepos schon deshalb so oft dieses physische Merkmal seiner Helden. Und in Griechenland „sind die klassischen Dichter, von Homer bis Euripides, darauf versessen, uns die Helden als groß und blond darzustellen. Die gesamte Bildhauerkunst, von der minoischen bis zur hellenistischen, gibt Göttinnen und Göttern, mit Ausnahme vielleicht von Zeus, goldene Haare und eine übermenschliche Gestalt" (39). Zwar, P. Faure weist darauf hin, war der physische Durchschnittstypus ein ganz anderer, aber das Zeugnis ist umso bedeutungsvoller: der „nordische" Typus wird schon deshalb als physisches Ideal angesehen, weil es der Typus der höheren Bevölkerungsschicht war. Das bezeugen die bildlichen Quellen. In seiner Studie über das griechische Profil zeigte R. Peterson (40), daß die Bildnisse von Eupatriden (Adligen) alle Züge des nordischen Typs aufweisen. Dort, wie in Indien, wo eine Gesetzgebung die zwischenständische Heirat verbot, sind die physischen Unterschiede zwischen den höheren Kasten, in denen der nordische Typus weitgehend vertreten ist, und den unteren, in denen er völlig ausbleibt, deutlich sichtbar (41). Die Untersuchung der in Kurgan gefundenen Gebeine bekräftigt diese Angaben: dort „überwiegen die hochgewachsenen Dolichozephalen mit schmaler, stark gebogener Nase und einem ebenfalls schmalen Gesicht, das feiner und viel enger ausfällt als bei den stämmigen Cromagnon-Menschen aus dem Dnjepr-Becken" (42). L. Kilians jüngste Studie (42a) bekräftigt gänzlich diese Ansichten, indem sie den Unterschied zwischen der schmalen Gesichtsform in der eigentlichen nordischen Rasse und der die dalische Rasse kennzeichnenden breiten Form besonders hervorhebt. Und er schließt mit den Worten: „Wir dürfen wohl von einer engeren ursprünglichen Verbindung mindestens eines erheblichen Teiles der Indogermanen mit der nordischen Rasse ausgehen".

Die Rasseneinheit der indoeuropäischen Aristokratie muß durch die Endogamie verstärkt worden sein; ihr physischer Typus wurde als Zeichen der Überlegenheit, als Erscheinungsbild des sie beseelenden **ménos* angesehen. Man empfand sie als Bindeglied zwischen den indoeuropäischen Fremdvölkern, über die Sprachunterschiede (die dennoch den ‚Barbaren' abgrenzen) hinaus und trotz der sie gegeneinander hetzenden Konflikte: wie ließe sich Äschylus' erstaunliche Bezeichnung der streitenden persischen und griechischen Nationen als „Schwestern des gleichen Bluts" sonst erklären (*Die Perser*, 185—186)?

Die heutige Hämatologie bekräftigt unverhofft die Intuitionen des traditionellen Denkens. Das — heutzutage in Westeuropa und im Nahen Osten beobachtbare — Mißverhältnis zwischen den Genen HLA-A1 und HLA-B8 zum Beispiel führten L. Degos, A. Jacquard und J. Dausset auf die indoeuropäischen Völkerwanderungen zurück (43).

*Anmerkungen:*

1 V. Kruta, *Les Celtes*, 1983, S. 63.

2 J. Haudry, *L'indo-européen*, S. 57.

3 Über diese umstrittene Frage vgl. zuletzt P. Friedrich, *Proto-Indo-Europeans Trees*, S. 106 f; *Indo-European and Indo-Europeans*, S. 22—23.

4 S. Milisauskas, *European Prehistory*, S. 147.

[5] G. Bailloud, in A. Leroi-Gourhan, *La préhistoire*, 1977, S. 176.

[6] P. Bosch Gimpera, *Les Indo-Européens*, 1961, S. 265.

[7] S. Milisauskas, *European Prehistory*, S. 183.

[8] G. Bailloud, in A. Leroi-Gourhan, *Le préhistoire*, S. 179.

[9] G. Bailloud, *ebd*, S. 183.

[10] O. Schrader, *Prehistoric antiquities of the Aryan peoples*, übersetzt bei F. Jevons, 1890.

[11] S. Feist, *Kultur, Ausbreitung und Herkunft der Indogermanen*, 1913.

[12] V. Gordon Childe, *The Aryans*, 1926.

[13] T. Sulimiski, Die schnurkeramischen Kulturen und das indoeuropäische Problem, in *La Pologne au VIIe Congrès international des Sciences historiques*, I, Warschau, 1933, S. 287—308.

[14] G. Poisson, *Les Aryens*, 1934.

[15] O. Schrader, *Prehistoric antiquities of the Aryan peoples*, S. 432.

[16] M. Gimbutas, *The Prehistory of Eastern Europe*, 1956.

[17] M. Gimbutas, *Indo-European and Indo-Europeans*, S. 155—197; *JIES*, 1, 1973 und folgende Nummern.

[18] M. Gimbutas, *JIES*, 5, 1977, S. 277f.

[19] M. Gimbutas, *JIES*, 2, 1974, S. 293.

[20] Vgl. in derselben *JIES*-Nummer die Aufsätze von J.-P. Mallory, A. Hausler und N. Ja. Merpert; sowie S. Milisauskas, *European Prehistory*, S. 185—186.

[21] R. Ghirsman, *L'Iran et la migration des Indo-Aryens et des Iraniens*, 1977.

[22] G. D. Kumar, *JIES*, 1, 1973, S. 74.

[23] V. F. Gening, *JIES*, 7, 1979, S. 1—29.

[24] W. P. Schmid, *Alteuropäisch und Indogermanisch*, 1968.

[25] M. Gimbutas, *JIES*, 5, 1977, S. 277; *La Recherche*, 87, März 1978, S. 228f.

[26] F. Bourdier, *Archéologie préhistorique et toponymie française*, 1981, S. 25.

[27] F. Le Roux, C. J. Guyonvarc'h, *Les Druides*², S. 304.

[28] F. Le Roux, C. J. Guyonvarc'h, *ebd*, S. 302.

29 Tilak, *Orion*, 1893.

29 a) E. Krause, *Tuisko-Land*, Glogau 1891.

30 F. Bourdier, *Archéologie préhistorique et toponymie française*, S. 16f.

31 Gérard Bailloud, *Le néolithique*, in A. Leroi-Gourhan, *La préhistoire*², S. 192—193.

32 F. Bourdier, *Archéologie préhistorique et toponymie française*, S. 23.

33 A. Scherer, *Gestirnnamen bei den indogermanen Völkern*, S. 131.

34 H. Kühn, *Proceedings of the 1st International Congress of Prehistoric and Protohistoric Sciences*, 1—6/8/1932, S. 237f.

35 V. I. Georgiev, *Etudes indo-européennes*, 3, November 1982, S. 47.

36 M. Gimbutas, *JIES*, 5, 1977, S. 281.

37 M. Much, *Die Germania des Tacitus*, S. 95; H. F. K. Günther, *Rassenkunde des deutschen Volkes*, 1933, passim.

38 F. Le Roux, C. J. Guyonvarc'h, *La civilisation celtique*, S. 57.

39 F. Faure, *La vie quotidienne en Grèce au temps de la guerre de Troie*, S. 48.

40 R. Peterson, *JIES*, 2, 1974, S. 385—406.

41 H. F. K. Günther, *Die nordische Rasse beiden Indogermanen Asiens*, 1934, S. 67; L. Renou, J. Filliozot, *L'Inde Classique*, I, S. 48.

42 G. D. Kumar, *JIES*, 1, 1973, S. 66—67.

42 a) L. Kilian, *Zum Ursprung der Indogermanen*, Bonn 1983.

43 *Actualités hémathologiques*, 1976, 10. Reihenfolge, S. 223; vgl. ebenfalls J. Bernard, *Le sang et l'histoire*, 1983, S. 41.

# SCHLUSSWORT

Anläßlich der *Journées de synthèse historique* von 1938 hielt E. Benveniste einen Vortrag über ‚die Indoeuropäer und die Bevölkerung Europas', dessen Zusammenfassung (1) wir als Schlußwort anführen möchten.

„Bei aller Verschiedenheit haben diese Völkerwanderungen gemeinsame Züge. Sie haben niemals mächtige Krieger-Völker in Bewegung gebracht. Es sind vielmehr beherzte, durchorganisierte Kleingruppen, die ihre Ordnung auf den Trümmern der bisherigen Strukturen gründen. Sie haben keine Schrift, keine umständliche Religion, keinerlei Überfeinerung. Alle werden im Verlauf ihres besonderen Schicksals die kennzeichnenden Merkmale ihrer ursprünglichen Gemeinschaften bewahren: patriarchalische Struktur der ‚Großfamilie', die im Ahnenkult vereint und vom Ackerbau und der Viehzucht lebt; aristokratischer Stil einer Gesellschaft von Priestern, Kriegern und Bauern; Anbetung von Naturerscheinungen und königliche Opferungen (deren bezeichnendste die des Pferdes, der vedische *aśvamedha* ist); Eroberungstrieb und Liebe zu den freien Räumen; Sinn für Autorität und Treue gegenüber den irdischen Göttern. Anfangs werden sie anscheinend von der Masse der zivilisierten Völker, die sie unterwerfen, absorbiert. Nach ihrer Eroberung ist es lange still um sie. Aber bald quillt aus der neuen, von ihnen gegründeten Ordnung eine Kultur, die immer neuere und kühnere Formen entwickelt. Erfindungskraft kennzeichnet diese Schöpfungen, denen die Sprache der Herren den vollendetsten Ausdruck verleiht. Die Besitzergreifung des Bodens durch immer neue, aber vom selben Grundstock stammende Eindringlinge schafft somit die Voraussetzungen für eine flexible und assimilierende politische Organisation, den Kern einer Kultur, die kräftig genug ist, um ihre Pioniere zu überleben, aber auch originell genug, um das dauerhaft zu prägen, was sich ihr widersetzt."

Vierzig Jahre danach ist dieser Darstellung nichts Wesentliches hinzuzufügen, auch wenn mittlerweile unzählige Erkenntnisse auf dem gesamten Gebiet zu registrieren waren. In auffallendem Widerspruch zu diesen triftigen Ansichten stehend, wurde V. Pisanis Auffassung (2), die das Indoeuropäische auf ein „System von Isoglossen" reduziert und demnach auf die Nicht-Existenz einer Sprache, und erst recht eines Volkes schließt, durch die von der Forschung erzielten Fortschritte entkräftet (3).

Bei der Diskussion um die ‚Urheimat' verlegte Benveniste mit gleicher Vorsicht und Hellsichtigkeit „wenn nicht die Urheimat, so doch das erste Ausbreitungsgebiet der indoeuropäischen Völker" in den südöstlichen Teil Rußlands. Die Archäologie bekräftigte bereits die Behauptung; sie kann auch eines Tages die Berechtigung des Vorbehalts bestätigen. Benveniste hebt die Eigenart der Indoeuropäer hervor; das gleiche Ziel verfolgt G. Dumézil in seinem gesamten Werk. Ein anderer Weg der Problemstellung sucht in den Indoeuropäern lediglich die Vertreter ein und derselben menschlichen Natur. Ebenso kann man sich für das interessieren, was die einzelnen Sprachen der Welt gemeinsam haben, und den Standpunkt vertreten, daß das Wesentliche hierin liege, daß die Unterschiede in der Ausdrucksweise oberflächliche Erscheinungen seien; oder dagegen die Ansicht äußern, daß diese Unterschiede der Gegenstand einer rein linguistischen Studie sein müßten. Beide Standpunkte sind legitim; man muß sich aber hüten, sie miteinander zu verwechseln und vor allem in seine Schlußfolgerungen die Zielsetzungen der Vorgangsweise hineinzuprojizieren: eine Studie, die auf das ausgerichtet ist, was die Indoeuropäer abhebt, darf sie nicht aus der Menschheit ausschließen; eine Studie, die sie zu typologischen Zwecken benutzt, darf ihnen nicht implizit jegliche Besonderheit verweigern.

*Anmerkungen:*

1 E. Benveniste, *Revue de synthèse, Synthèse historique*, 1939, S. 18.

2 V. Pisani, *ebd.*

[3] Nach P. Thieme, *Die Heimat der indogermanischen Gemeinsprache*, widerlegte B. Schlerath diese Hypothese in *Die Indogermanen*, S. 6f.

# KURZ-BIBLIOGRAPHIE


I. ZEITSCHRIFTEN

*The Journal of Indo-European Studies* (kurz *JIES*), seit 1973.

*Etudes indo-européennes*, seit 1982.

II. BIBLIOGRAPHIEN

A. Scherer, Hauptprobleme der indogermanischen Altertumskunde (seit 1940), *Kratylos*, 1, 1956, S. 3—21.

A. Scherer, Indogermanische Altertumskunde (seit 1956), *Kratylos*, 10, 1965, S. 1—24.

Vgl. ebenfalls die Dumézil-Bibliographie, die A. de Benoist für den Sammelband *Georges Dumézil, à la découverte des Indo-Européens* (Hrsg. J.-C. Rivière, 1979) zusammenstellte.

III. LEXIKON

O. Schrader, A. Nehring, *Reallexikon der indogermanischen Altertumskunde*, Berlin-Leipzig, 1917—1929.

IV. ALLGEMEINE DARSTELLUNGEN

O. Schrader, *Prehistoric antiquities of the Aryan peoples*, transl. by F. B. Jevons, London, 1890.

O Schrader, *Die Indogermanen*, Neubearbeitung von H. Krahe, 1935.

H. Horst, *Die Indogermanen*, Straßburg, 1905—1907.

S. Feist, *Kultur, Ausbreitung und Herkunft der Indogermanen*, Berlin, 1913.

G. Devoto, *Origini Indoeuropee*, Firenze, 1961.

B. Schlerath, *Die Indogermanen*, Innsbrucker Beiträge zur Sprachwissenschaft, Vorträge, 8), 1973

V. EINZELDARSTELLUNGEN

E. Cornelius, *Geistgeschichte der Frühzeit*, II, 2. Leiden, 1967.

E. Benveniste, *Le vocabulaire des institutions indo-européennes*, Paris, 1969.

VI. SAMMELBÄNDE

*Germanen und Indogermanen, Festschrift für H. Hirt*, Heidelberg, 1936

*Die Indogermanen- und Germanenfrage*, hrsg. v. W. Koppers, Salzburg-Leipzig, 1936.
*Indo-European and Indo-Europeans*, ed. by G. Cardona, H. M. Moenigswald and A. Seen, Philadelphia, 1970.
*Myth and Law among the Indo-Europeans*, ed. by J. Puhvel, Berkeley, Los Angeles, London, 1970.
*Myth in Indo-European Antiquity*, ed. by G. Larson, Berkeley, Los Angeles, London, 1974
*Antiquitates Indogermanicae, Gedenkschrift für Hermann Güntert*, Innsbruck, 1974.

Ein Institut d'études indo-européennes wurde 1981 an der Universität Lyon III (74, rue Pasteur, F-69007 Lyon) gegründet. Es gibt die Zeitschrift *Etudes indo-européennes* sowie Monographien heraus und veranstaltet jedes Jahr ein Kolloquium.